用于国家职业技能鉴定
YONGYU GUOJIA ZHIYE JINENG JIANDING
国家职业资格培训教程
GUOJIA ZHIYE ZIGE PEIXUN JIAOCHENG

营业员

（基础知识）

编审委员会

主　任　刘　康

副主任　张亚男

委　员　张丽君　武静茹　刘风军　宋　清　徐耀庆
　　　　刘国成　张雪芬　左振龙　陈　蕾　张　伟

编审人员

主　编　张雪芬

副主编　武静茹

编　者　张雪芬　武静茹　宋　清　周智钢　索　雪
　　　　郭品方　梁春秀　王　颖　王彩娥　严群礼
　　　　杨光永　李　伟　李世民

主　审　张丽君

审　稿　刘国成　李祥波

中国劳动社会保障出版社

图书在版编目（CIP）数据

营业员．基础知识/中国就业培训技术指导中心组织编写．—北京：中国劳动社会保障出版社，2012

国家职业资格培训教程

ISBN 978－7－5045－9433－4

Ⅰ.①营…　Ⅱ.①中…　Ⅲ.①营业员-技术培训-教材　Ⅳ.①F718

中国版本图书馆CIP数据核字（2012）第010493号

中国劳动社会保障出版社出版发行

（北京市惠新东街1号　邮政编码：100029）

出版人：张梦欣

*

三河市华骏印务包装有限公司印刷装订　新华书店经销

787毫米×1092毫米　16开本　10.25印张　175千字

2012年3月第1版　2016年6月第9次印刷

定价：20.00元

读者服务部电话：（010）64929211/64921644/84626437

营销部电话：（010）64961894

出版社网址：http://www.class.com.cn

前 言

为推动营业员职业培训和职业技能鉴定工作的开展，在营业员从业人员中推行国家职业资格证书制度，中国就业培训技术指导中心在完成《国家职业技能标准·营业员》(2010年修订)(以下简称《标准》)制定工作的基础上，组织参加《标准》编写和审定的专家及其他有关专家，编写了营业员国家职业资格培训系列教程。

营业员国家职业资格培训系列教程紧贴《标准》要求，内容上体现“以职业活动为导向、以职业能力为核心”的指导思想，突出职业资格培训特色；结构上针对营业员职业活动领域，按照职业功能模块分级别编写。

营业员国家职业资格培训系列教程共包括《营业员（基础知识)》《营业员（初级)》《营业员（中级)》《营业员（高级)》《营业员（技师)》5本。《营业员（基础知识)》内容涵盖《标准》的“基本要求”，是各级别营业员均需掌握的基础知识；其他各级别教程的章对应于《标准》的“职业功能”，节对应于《标准》的“工作内容”，节中阐述的内容对应于《标准》的“技能要求”和“相关知识”。

本书是营业员国家职业资格培训系列教程中的一本，适用于对各级别营业员的职业资格培训，是国家职业技能鉴定推荐辅导用书，也是各级别营业员职业技能鉴定国家题库命题的直接依据。

本书编写人员如下：张雪芬（北京市商业学校)、宋清、周智钢（北京长益信息科技有限公司)、索雪、郭品方、梁春秀、王颖、王彩娥、严群礼（北京市商业学校)、杨光永（北京邮电大学)、李伟、李世民（北京蓝岛大厦)、武静茹（中国商业联合会)，张雪芬主编；张丽君（中国商业联合会)、刘国成（北京市商业学校)、李祥波（中国商业联合会）审稿。

本书在编写过程中，中国商业联合会协助组织各位专家并做了大量工作，北京长益信息科技有限公司等单位给予了大力支持，许多同行专家和学者也给予了关心和帮助，在此一并表示衷心的感谢。

中国就业培训技术指导中心

目 录

CONTENTS 国家职业资格培训教程

第1章 职业道德

第1节 职业道德基本知识

一、职业道德的概念

“道”是天下一切事物要遵循的法则。老子曰：“人法地，地法天，天法道，道法自然。”“德”是“道”的体现，而“道”是“德”的内容。遵守行业的“游戏规则”是职场的基本要求，职业道德是从业人员立足职场之本，也可以说是职业素质之“本”。一个人有德无才或有才无德，都可能四处碰壁，只有德才兼备才会畅通无阻。

“德”是行为者在行为方式方面之所得，古人云：“德者，得也。”行为者的行为方式或行为情态接近于某一理想境地或某一典范标准就说行为者有所得，有所得就说“有德”；反之，则说“无德”“失德”。德位的上下高低，或含德的深浅厚薄对应于所得的多与少，它们体现了与理想境界或典范标准相接近的程度不同。所以，“德”是综合行为者的行为表现以衡量它合乎理想的程度的综合度量，如果以习常的“得分”来表示的话，“德”就是指行为者在行为表现上的综合“得分”。

概括地说，职业道德就是与职业活动紧密联系的符合职业特点所要求的道德准则，是道德情操与道德品质的总和。它既是对本职人员在职业活动中的行为要求，同时又是职业对社会所承担的道德责任与义务。

1. 什么是道德

“道德”作为一种社会现象随时出现在我们身边。例如，乘公共汽车，是主动把座位让给老人、孕妇和孩子，还是视而不见，置之不理；上班时，是自觉遵守纪律，文明工作，还是违反纪律，野蛮操作，不讲信誉……生活中随时随处都有道德问题，每个人随时随地都对别人进行着道德评判，自己的言行也不时地在别人的评价之中。

人类社会道德的产生和发展是和人类社会以及每个人的生存发展密切相关的。自从人类脱离了动物界，人就有了道德，道德是区分人与动物的一个重要标志。道德也是随着社会经济不断发展变化而发展变化的，没有永恒不变的抽象的道德。

道德是调整人们之间以及个人与社会之间关系的行为规范的总和。道德是一定社会、一定阶级向人们提出的处理人和人之间、个人和社会、个人和自然之间各种关系的一种特殊的行为规范。道德是讲人的行为“应该怎样”和“不应该怎样”的问题，是用以指导和约束人类行为的规范与准则。

2. 什么是行业的职业道德

行业的职业道德是指在一个行业从事一定职业的员工在职业活动中所必须遵循的行业道德准则和行为规范的总和。它是在本行业中占主导地位的道德在职业活动中的具体体现，即适应相应职业活动中的要求而必然产生的道德原则、道德情操和道德品质。它既是对行业个体从业人员在职业活动中的行为要求，又是本行业的单位或集体对社会所承担的道德责任和义务。

职业道德是把一般的社会道德标准与具体的职业特点结合起来的职业行为规范或标准。职业道德是以善恶进行评价的心理意识、行为原则和行为规范的总和。因此，职业道德是社会道德在职业生活中的具体化。

职业道德的形式因行业而异，任何职业道德的适用范围都是特定的。一般来说，有多少种不同的职业，就有多少种不同的职业道德，某一特定行业的职业道德只适用于专门从事本职业的人。商业零售企业一头联系着生产和加工企业，一头联系着消费群体和个体，营业员的一言一行都会对消费者产生影响，因此，商业不仅是社会文明风尚的“窗口”，也是社会职业道德的具体体现。营业员职业道德的好坏，直接影响到一个企业、一个地区的社会文明程度。

3. 商业从业人员的职业道德

商业从业人员的职业道德主要体现在以下几个方面：

（1）热爱企业，爱岗敬业，忠实履行岗位职责，真心实意为顾客服务。

(2) 刻苦钻研业务，掌握商品知识，干一行，爱一行，专一行，精一行，自尊自强，敢于竞争，努力做好本职工作。

(3) 诚实守信，买卖公平，货真价实，童叟无欺，讲求信誉，信守承诺，不短斤缺两，不出售假冒伪劣商品，不作虚假广告宣传，不推诿责任，不责难服务对象，一视同仁，礼貌待客。

(4) 为顾客创造整洁优美的环境，精神饱满，仪容端庄，举止文明，用语礼貌，善待顾客，服务规范，讲真话，卖真品，献真心，实事求是，切实维护消费者的利益。

(5) 主动热情，适时、适度、适人服务，耐心周到，文明服务，顾客至上，方便群众，乐于助人，亲切自然，以亲切的语言接待人，以良好的形象感染人，以满意的服务信服人。

二、职业道德的特征

职业道德的特征具体表现在以下几个方面：

1. 职业道德的行业性和多样性

职业道德是与社会职业分工紧密联系的，各行各业都有适合自身行业特点的职业道德规范。例如，从事信息安全职业的人员确保信息安全是其主要的职业道德规范，教师是以有教无类、为人师表、教书育人的高度示范性为其主要行为规范，产业工人是以注重产品质量和效益为其主要行为规范，从事服务业的人员以其热情周到、诚实守信的服务为其主要行为规范。正因为职业道德具有行业性特征，因此表现出形式的多样性。

2. 职业道德的继承性和稳定性

职业道德反映职业关系时往往与社会风俗、民族传统相联系，许多职业道德跨越了国界和历史时代作为人类职业精神文明传承了下来，如“诚信”“敬业乐业”“帮助与协作”“公平”等，这就是它的继承性。从业者通过学习和修养，一经形成良好的职业道德品质，这种“品质”一般不会轻易改变，它会自觉或不自觉地成为自己的职业行为，并影响他人的职业行为，这就是职业道德的相对稳定性。

3. 职业道德的自律性和他律性

自律性即具有自我约束控制的特征。从业者通过对职业道德的学习和实践，产生职业道德的意识、觉悟、良心、意志、信念、理想，逐渐修养成较为稳固的职业道德品质。良好的职业道德品质形成以后，又会在工作中形成行为上的条件反射，自觉地选择好的有利于社会、有利于集体的行为，这种自觉就是通过自我内心职业道德意识、觉悟、信念、意志、良心的主观约束来实现的。这也是职业道德与法律、纪律的区别所在（法律、纪律是通过命令或强制的方式实现对职业者的职业行为约束的）。自我约束控制职业行为的这种自律性是职业道德的显著特征。

他律性即具有舆论影响的特征。从业人员在职业生涯中，随时都受到所从事职业领域的职业道德舆论的影响。实践证明，创造良好的职业道德社会氛围、职业环境，并通过职业道德舆论的宣传、监督，可以有效地促进人们自觉遵守职业道德，实现互相监督。

4. **职业道德的实践性和实用性**

一个从业者的职业道德知识、情感、意志、信念、觉悟、良心、行为规范等都必须通过职业的实践活动，在自己的行为中表现出来，并且接受行业职业道德的评价和自我评价，职业道德是一个理论与实践问题，养成良好的职业道德是为了更好地实践。

从业者在从业过程中所体现出的职业道德也有较强的实用性，良好的职业道德会让从业者树立专业的职业素养、优秀的个人魅力，对其所从事的职业必然是一种推动。对于营业员，良好的职业道德不仅会得到消费者的青睐，而且会促进产品销售绩效和公司形象推介。一个行业和企业的发展应依赖于一定的经济效益，而高的经济效益源于高的员工素质。员工素质主要包含知识、能力、责任心三个方面，其中责任心是最重要的。职业道德水平高的从业人员，其责任心也是极强的，因此，良好的职业道德能促进本行业和本企业的快速发展。

三、职业道德的作用

职业道德是社会道德体系的重要组成部分，它一方面具有社会道德的一般作用，另一方面又具有自身的特殊作用，具体表现在：

1. **调节职业交往中从业人员内部以及从业人员与服务对象间的关系**

职业道德的基本功能是调节功能。它一方面可以调节从业人员内部的关系，即运用职业道德规范约束职业内部人员的行为，促进职业内部人员的团结与合作。如职业道德规范要求各行各业的从业人员，都要团结、互助、爱岗、敬业、齐心协力地为发展本行业、本职业服务。另一方面，职业道德又可以调节从业人员和服务对象之间的关系。如职业道德规定了制造产品的工人要怎样对用户负责，营销人员怎样对顾客负责，医生怎样对病人负责，教师怎样对学生负责等。

2. **提高劳动者的职业素质**

劳动者的职业素质主要包括：德育素质（思想政治素质、职业道德素质）、基本文化素质、专业知识和技术技能素质、身心健康。职业道德素质在德育素质中是非常重要的，是首位的因素。培养职业道德的自觉意识，提高职业道德的觉悟，形成自觉遵守职业道德行为规范的观念和品质，不仅可以净化自己的灵魂，而且会有利于专业知识技能的提高和身心的健康，最终达到自身职业素质的全面提高。

3. 维护和提高本行业的信誉

一个行业、一个企业的信誉，是通过企业个体的职业素质，也就是他们的形象、信用和声誉来表现的。企业的信誉是指企业及其产品与服务在社会公众中的信任程度，提高企业的信誉主要靠产品质量和服务质量，而从业人员职业道德水平高是产品质量和服务质量的有效保证，良好的职业道德能促进本行业和本企业的发展。若从业人员职业道德水平不高，很难提供优质的服务，企业就会失去回头客，严重影响企业的声誉，带来的后果可想而知。

4. 有效促进企业文化建设

职业道德是企业从业人员在经营活动中的行为标准和基本要求，是任何一个从业人员必须遵守的共同行为准则，同时还体现着企业对社会所承担的道德责任和义务，可以调节经营活动中企业与从业人员、企业与生产厂家、从业人员与消费者之间的关系，维护和提高本企业的信誉，促进本企业的发展。职业道德在企业文化建设中的作用主要表现在：一是可以提升从业人员的工作热情。良好的职业道德使职工具有强烈的敬业精神和工作责任感，能够热情饱满地面对工作，兢兢业业地做好本职工作。二是可以凝聚队伍，团结同事。在一种宽容和谐的气氛中工作，每个人都会主动承担责任、理解别人，形成一种团结做事的力量。三是可以激发从业人员的主人翁意识。良好的职业道德素养，能够让从业人员自觉站在企业整体改革发展的高度思考问题，并以主人翁的姿态来对待自己的工作，支持企业的改革与发展，维护企业的信誉。职业道德是企业文化的重要组成部分，先进的企业文化是把企业职工的思想和职业道德教育放在首位的，它可促使从业人员充分发挥自身的主观积极性，主动提升职业能力、干好本职工作。营造企业良好的职业道德氛围可以增强企业凝聚力，提高企业的综合竞争力，塑造企业的良好形象。因此，职业道德教育在促进企业文化的建设方面起到了重要的主导作用。

5. 推动和提高全社会的道德水平

职业道德是整个社会道德体系的组成部分。职业道德一方面涉及每个从业者如何对待职业，如何对待工作，同时也是一个从业人员的生活态度、价值观念的表现；是一个人的道德意识、道德行为发展的成熟阶段，具有较强的稳定性和连续性。另一方面，职业道德也是一个职业集体甚至一个行业全体人员的行为表现，如果每个行业，每个职业集体都具备优良的道德，对整个社会道德水平的提高肯定会发挥重要作用。

第2节　职业守则

一、遵纪守法，爱岗敬业

1. 遵纪守法

遵纪守法就是遵守国家制定的各种法律、法规，遵守各行业、各部门制定的一系列规章制度，这是商业职业基本的道德品质要求。营业员每天接触商品、货币，与消费者发生直接的经济利益关系，因此，要培养自己遵纪守法的优良品德。职业道德教育与法制教育相结合非常必要，大多数职业道德基本规范可以找到相应的法律、规定或有关的行业规范。商业企业营业员要认真学习国家的各项政策、法规、行业规范和企业规章制度，养成依法办事、依法经营、依法服务的良好的职业习惯；要自觉遵守劳动纪律、服务纪律、柜台纪律和企业的各项规章制度，在自己的工作岗位上尽职尽责、尽心尽力。

2. 爱岗敬业

爱岗敬业是每个商业从业人员必须遵循的基本道德规范，从业过程中要体现敬业奉献的职业精神，积极开展职业观念、态度、技能、纪律、作风、责任等方面的学习，树立正确的职业观念。通过参与岗位学习、岗位培训、岗位练兵等活动，人人争当“文明职工”“技术能手”“服务明星”“敬业标兵”，努力成为职业道德水平高、业务素质过硬的商业从业人员。

爱岗，就是热爱自己的本职工作，干一行，爱一行，专一行，为做好本职工作而尽心尽力。敬业，就是要用一种恭敬严肃的态度来对待自己的职业，即对自己的工作要专心、认真、负责任。爱岗敬业是相辅相成、相互支持的。爱岗是敬业的前提；敬业是爱岗情感的进一步升华，是对职业责任、职业荣誉的深刻认识。不爱岗的人，很难做到敬业；不敬业的人，很难说是真正的爱岗。

要达到爱岗敬业的职业道德要求，应做到以下几点：

一是要有献身事业的思想意识。人是为生活而工作的，也是为了工作而生活的，应该把自己的职业当做一种事业来对待。献身于事业就是要把自己的才华、能力以至于生命都投入到事业中去，认认真真，毫不马虎。只有具备这样的思想意识，才能以从事本职工作而快乐。

二是爱岗敬业要贯穿工作的每一天。提倡爱岗敬业并非说一个人一辈子只能呆在一个岗位上，随着社会的发展，一个人一生可能会有很多次岗位变动，然而，无论在什么岗位，只要在岗一天就应当认真负责地工作一天。岗位、职业可能会多次变动，然而对待工作的态度始终都应该是勤勤恳恳、尽职尽责的。

三是要忠于职守。忠于职守是爱岗敬业的具体体现。营业员工作干得好坏，对社会、对企业有着直接的影响。因此，营业员的职业岗位对企业、对社会担负着一定的责任，这就决定了每位营业员都要对本职工作具有高度的事业心和责任感。忠于职守，就是要在自己的工作岗位上守职尽责、忠心耿耿地履行自己的工作职责。衡量一名员工是否恪尽职守，不仅要看他是否辛勤工作，而且要看他工作业绩如何，那种无业绩的员工是谈不上恪尽职守的。所以，对每位营业员来说，要努力做到：

(1) 遵守劳动纪律，坚守工作岗位。

(2) 踏实工作，不怕苦，不怕累，具有奉献和牺牲精神。

(3) 钻研业务，刻苦学习。

(4) 爱店如家，勤俭节约。

(5) 搞好营销工作，扩大商品销售。

下面介绍营业员爱岗敬业的杰出典范——原北京百货大楼营业员张秉贵。

张秉贵，全国著名劳动模范。他在平凡的售货员岗位上练就了令人称奇的“一抓准”“一口清”技艺和“一团火”的服务精神，成为新中国商业战线上的一面旗帜。张秉贵在从业的 30 多年时间里接待顾客近 400 万人，没有怠慢过任何一个人。他认为：“一个营业员服务态度不好，外地人会说你那个城市服务态度不好，港澳同胞会感到祖国不温暖，外国人会说中华人民共和国不文明。我们真是工作平凡，岗位光荣，责任重大!”他在问、拿、称、包、算、收六个环节上不断摸索，练就了“一抓准”和“一口清”的过硬本领，接待一个顾客的时间从三四分钟减为一分钟。他通过眼神、语言、动作、表情、步伐、姿态等调动各个器官的功能，几乎成了那个时代商业领域的服务规范。

近些年来，我国在商业企业范围内发起了“全国十佳营业员”的推荐选拔活动，通过每一位营业员先进事迹的介绍，反映出遵纪守法和爱岗敬业始终贯穿在其职业活动中，参评人员都有高尚的遵纪守法和爱岗敬业的情操。

营业员要铭记自己的职责和使命，对遵纪守法和爱岗敬业这一基本职业守则牢记在心，在工作当中学习杰出营业员代表的先进事迹，学习身边优秀营业员的宝贵经验，在工作中积累心得，不断总结提高。

二、尊重顾客，用心服务

商业企业是企业对外服务的窗口。营业员要直接面对顾客，体现着企业的整体形象，因此营业员不只是单纯地销售产品，还包括提供优质的服务。提供优质服务首先要用心，尊重顾客，有真诚服务的态度。

1. 尊重顾客

尊重顾客是现代商业企业从业人员职业道德的基本要求之一，体现出员工对待工作的积极态度。对顾客的尊重是正常进行商业活动的起码条件，是建立和发展现代社会人与人之间新型关系的基本要求，也是形成良好的商业道德风范的基础。营业员应始终坚持贯彻“顾客就是上帝”的原则，以“信誉第一、质量第一、服务第一、顾客第一”为经营理念，树立良好的职业形象。

营业员的形象、气质和亲和力都是可以通过后天培养的。形象的塑造要求营业员要仪容端庄、装扮得体、自然大方。气质的自然流露则需要营业员站有站姿、举止文雅、谈吐得体。亲和力是指“在人与人相处时所表现的亲近行为的动力水平和能力”，它可以帮助营业员赢得顾客的信任，获得顾客的理解和宽容。一个人亲和力的高低常常取决于其性别特征和性格特征。在性别特征上，相较于男性，女性有着天生的优势。从性格特征方面来说，有的人生来不爱笑，有的人从小不爱亲近人，有的人天生爱热闹，有的人则具有丰富的幽默细胞，顾客往往偏爱于性格外向、乐观活泼的营业员。

2. 用心服务

营业员是商场和顾客面对面接触的主要人员，顾客在营业员这里享受到了商场给予的最直接服务，其对商场的印象如何，直接决定着他是否会再次来店购物。

对顾客的用心服务态度体现在接待顾客中，就是要做到主动、礼貌、热情、耐心、周到。主动就是要主动与顾客打招呼，主动询问顾客的需要，主动当好顾客参谋，主动帮助顾客排忧解难。礼貌待客就是要求营业员要时时处处用商业礼仪规范来指导自己的行为。热情就是在接待顾客时，态度和蔼，语言亲切，不论顾客买多买少，买与不买，都要同样对待。耐心就是要耐心地回答顾客提出的问题，做到百问不烦、百挑不厌，虚心听取顾客的意见，不计较顾客的态度好坏和言语的轻重。当遇到一些顾客指责或争议时，不能表现出烦躁不满情绪，要耐心进行讲解和疏导。周到就是千方百计地为顾客着想，尽一切可能为顾客提供优质服务。不强求介绍，不强卖商品，根据顾客需求体现服务的适度和适时。凡事要从顾客的角度去思考，处处体现出主动关心顾客、为顾客服务的精神。

对顾客的用心服务态度还体现在接待顾客的过程中，对顾客不品头论足、不以貌取人。对顾客一视同仁，要做到生客、熟客一个样，不以穿戴看人，对有特殊需求的顾客更要用心服务。如对老年人要耐心，对残疾人要贴心。

下面介绍营业员用心服务的杰出代表——原北京中原百货营业员年景林。

年景林为原北京中原百货营业员，多年来，他对顾客的“一片情”精神赢得了广大顾客的信赖和赞誉，为企业树立了良好的形象，用以身示范教育了一代商业员工，成为20世纪八九十年代我国商业战线的一面旗帜。年景林当营业员40多年，真心实意地为顾客服务，做出了不平凡的业绩。他常说：“顾客是我们的亲人，顾客的困难就是我们的困难，对顾客要做到‘接一待二照顾三’，顾客不走，服务不停。”他从不放走摇头的顾客，无论顾客有什么困难，他都想办法解决，卖女外衣时，他创造了“拆、改、裁、熨、做”义务工作法，销货量是普通营业员的25倍。

为了提高青年营业员的服务水平，1988年他编写了几万字的《服务问答》小册子，总结出以“一片情”为核心的工作标准，即“三心、四为、五个一样、五个劲儿”。“三心”是接待顾客要热心，刻苦学习要专心，帮助顾客要诚心。“四为”是心为顾客想，话为顾客说，事为顾客办，劲儿为顾客使。“五个一样”是早中晚一样精神，忙和闲一样周到，生熟人一样对待，看、买、退、换、修一样热情，上级有无检查一样高标准。“五个劲儿”是顾客少时要有主动劲儿，顾客多时要有热情劲儿，出售紧俏商品要有麻利劲儿，对退、修商品的顾客要有热情劲儿，营业员与顾客发生矛盾时要有沉着劲儿。

年景林凭借着在“尊重顾客、用心服务”方面所做出的卓越成绩，得到了顾客的喜爱和同行们的爱戴，他作为商业行业杰出代表获得国家的表彰，还曾多次获得全国劳动模范的光荣称号。他的“三心、四为、五个一样、五个劲儿”的做法至今仍对商业企业有很好的借鉴意义。

三、真诚守信，文明经商

真诚守信、文明经商，自觉维护消费者权益是广大消费者对商业企业的基本要求。因此，商业企业在坚持满腔热忱为顾客服务的同时，应该树立诚实、自信、公平、负责的经营作风，树立政策观念和信誉观念，认真执行各项商业政策、物价政策。宣传介绍商品要实事求是，出售商品要明码标价，自觉维护消费者权益，树立社会主义市场经济环境下的商业新风尚。

1. 真诚守信

真诚守信是为人处世的基本准则，是一个人能在社会活动中安身立命的根本，也是每位营业员应遵守的职业道德。真诚是人的一种品质，这种品质最显著的特点是，一个人在社会交往中能讲真话，实事求是，能忠实于事物的本来面貌，不歪曲、不篡改事实，不隐瞒自己的真实思想，不掩盖自己的真实感情，不说谎，不作假，不为不可告人的目的而欺骗别人。守信也是一种做人的品质，就是讲信用，讲信誉，信守诺言，忠实于自己承担的义务，说到做到，答应了别人的事一定要去做。

真诚守信四个字，说起来容易，做起来却并不容易。由于我国市场经济起步较晚，市场发育不成熟，市场经济规则不健全，因此，社会上在经营活动中存在大量“不诚不信”现象，一些人在私利的驱动下，坑蒙拐骗，偷工减料，假冒伪劣，不讲信誉，不履行合同，坑害消费者事件屡见不鲜。不守信也存于其他领域，“不守信”在日常工作和生活中也有很多，如有的人不注重“守信”，说话往往言而无信，出尔反尔。开会、上班总是迟到早退，工作中擅离职守，不能遵守时间，有的人经常违反企业规章制度，有的人想干就干，不想干就走，连辞职手续都不办，于劳动合同约定事项而不顾，这样的人就不具备“守信”的美德。

每位营业员要发扬真诚守信美德，做老实人，说老实话，办老实事，遵守纪律，从一点一滴小事做起，严于律己，做到“君子爱财，取之以德”，诚信无欺，买卖公平，做一个诚实守信的人。

2. 文明经商

俗话说，想要了解一个城市的文明程度，你需要到它的商业网点去走一走，在那里，就可以体会得到，优质服务、文明经商以及经营过程中的诚信度，消费者的满意度，这些都会一点一滴地将这个城市的文明风貌呈现在众人面前。对城市而言，大家共同遵守的商业秩序，促进着市场的发展繁荣和城市的文明进程。这充分说明商业是一个城市文明的窗口行业，营业员是把一个城市形象推向国内外的名片，营业员的经商文明与否直接影响到这个城市的文明形象。

文明经商要求营业员要精心布置店面或营业台，保持干净、整洁、主题突出的营业环境，良好的环境对吸引顾客有着重要的作用。在工作中要举止高雅、用语文明、服务专业，在顾客面前树立一个亲和力强、专业素养高的良好形象。在销售过程中要始终保持微笑服务，对顾客的提问要耐心回答。

商品和服务的价值最终都是要通过营业员来实现的，而且营业员都奋战在企业的第一线，直接与消费者打交道，最能体现企业的素质和形象。因此，从这个角度讲，营业员对于企业最有代表性，对顾客的影响力也最大，营业员的服务精神也最需要具有连续性。营业员要用自己的一言一行去塑造企业的形象，以真诚的服务来赢得顾客的信任。目前，大多数零售商店特别是大中型零售商场，在服务项目、服务态度等方面都向消费者做出承诺，向社会公布。这就是要求营业员在工作中遵守职业守则，做到遵纪守法，爱岗敬业；尊重顾客，用心服务；真诚守信，文明经商。

第 2 章

商业企业基本知识

第 1 节 商业企业的基本概念

一、商业企业的概念及特点

1. 企业的一般概念

任何通过提供产品或服务而获得利润的实体都可以称为企业。

企业一般是指从事生产、流通或服务等活动，为满足社会需要自主经营、自负盈亏、承担风险、独立核算、具有法人资格的基本经济单位。

2. 企业的基本特征

（1）企业的经济性

企业是从事经济活动的组织，这是企业的首要特性。所谓经济活动，就是通过商品生产和流通为消费者提供使用价值，借以实现企业自己价值的活动。作为企业，它或者从事商品生产，或者充当商品生产和流通的媒介，或者提供商业性劳务。

（2）企业的赢利性

企业在经营的过程中，要以自己的收入弥补自己的支出并获取必要的赢利，以维持简单再生产和扩大再生产。从企业的生命过程来看，没有赢利的企业只能在市场竞争中被淘汰。

（3）企业的独立性

企业必须是自主经营、自负盈亏、独立核算、具有法人资格的独立的经济组织。在市场经济条件下，强调企业的财产独立、生产经营独立、利益独立、责任独立及诉权独立，企业不能成为行政机关的附属物。

（4）企业的社会性

企业不仅是经济组织同时也是社会组织，而且在现代社会中，企业的社会功能也不单纯地从属于经济功能。现代企业是一个向社会全面开放的系统，它所承担的社会责任与政治责任有时甚至会对经济行为产生决定性影响。由于企业所承担的社会责任在某些时候会和它的经济责任发生矛盾，企业发展受到社会因素制约，所以企业自身利润以及价值最大化的目标往往很难实现。

（5）企业必须是法人实体

市场经济是法制经济，企业必须是能够独立承担法律责任的法人实体。

3. 商业企业的概念

商业企业是企业的一种形式，是以营利为直接经济目的的专门从事商品流通活动和提供商品服务的独立的经济组织。通俗地说，商业企业就是买进货物，然后转手卖给别人，从中获取利润。

商业企业，可以理解为具有人力、财力、物力等物质生产力，以及科学技术、经营管理、企业精神、职工积极性、企业应变创新能力等精神生产力和协调的公共关系，自主经营、自负盈亏、自我发展、自我约束地经营商品流通，以满足消费需要，协调生态关系，取得利润为目的的市场主体，是有寿命周期的独立享有民事权利和承担民事义务的企业法人。

4. 商业企业的特征

商业企业除具有一般企业共有的属性外，还有其自身的特征：

（1）以商品的购、销、运、存为基本业务

商业企业的这一特征是与生产企业比较而言的。生产企业主要是借助机器和机器体系对原材料进行加工，生产出符合社会生产和人民生活需要的产品。而商业企业则主要是通过对商品的购进和销售以及因此而必需的运输和储存业务，完成商品由生产领域到消费领域转移的过程，满足消费者的需要。商品的购进、运输、储存、销售也是流通过程中的四个基本环节。它们在流通过程中各自处于不同的地位，起着不同的作用。合理组织商品流通的四个基本环节，是实现流通的基本要求，是提高流通经济效益的重要途径，也是商业企业的基本职能。

（2）对经营的商品基本上不进行加工或只进行浅度加工

通常情况下，商业企业的主要职能是组织商品的流通，实现商品的使用价值和价值。与生产企业不同，它们对经营的商品基本上不进行加工或只进行浅度加工。大部分商品，经过流通过程，其使用价值和外部形态不发生变化。

随着流通规模的扩大，为解决生产的少品种、大批量、专业化与消费多样化之间的矛盾，流通加工发展较快。从开始时的装袋、分包、贴标签等简单形式，向按照用户需求进行分装、加工、包装等高级和复杂形式发展。

（3）实现商品使用价值的运动和价值形态的变化

生产企业通过对原材料和半成品进行加工、制造，改变其内部结构、外部形态和物理化学性能，从而形成新的使用价值。在该过程中付出的活劳动也物化到产品中去，创造出新的价值。进入流通领域，商业企业通过购进、运输、储存、销售等一系列流通活动，将商品由生产企业转移到消费者或用户手中，完成商品的空间位移和价值形态变化。商品的使用价值保持不变，商品的价值在商流（购进和销售）中也保持不变。在这一过程中，商业企业要投入一定的物化劳动和活劳动，从而发生一定的流通费用。

（4）商业企业的“商业利润”主要来自生产企业的让渡

商业企业的利润由让渡利润、追加利润、级差利润、转移利润和管理利润构成，而让渡利润是基本形式和最主要的组成部分。

从形式上看，商业利润表现为商品售卖价格高于购买价格的余额，它似乎是在流通领域内产生的。但事实上，资本在流通领域内是不能自行增值的。流通中单纯的加价绝对不是商业利润的真正源泉，而只能是商业企业获取商业利润的方式。由于商业企业专门为生产企业经营推销商品的业务，为生产企业节约了大量的商品流通费用，加速了资金的周转，因此，生产企业就必须把一部分利润让渡给商业企业，作为商业利润。这一让渡是由商品的价格差额来实现的，即生产企业按照生产价格把商品卖给商业企业，商业企业再按商品的批发价格或零售价格把商品出售给消费者，从而获得商业利润。

二、商业企业的经营职能

商业企业的经营职能是指商业企业经营工作应承担的职责以及应发挥的功能。商业企业经营具有多职能的特点，包括市场调研、市场预测、经营决策和媒介商品交换等四种职能。

1. 市场调研

市场调研是对购买和消费商品的个人或团体以及本企业的市场经营策略收集、整理和分析所需市场信息，以便掌握市场的现状和发展趋势的一种企业经营职能。

商业企业之所以要承担和发挥市场调研的职责和功能，是由于商业企业经营的目的，一方面是要取得较多的经济效益和社会效益，另一方面是要尽可能满足用户和消费者的需要，而商业企业面对的市场具有不确定性，商品供求复杂多变，给企业经营带来风险，随时有破产的可能。商业企业要想避开或弱化风险，只有向市场信息投资，花费一定的市场调研费用，对经营的重点商品向调查对象进行抽样调查，以掌握其市场供求的发展变化趋势，作为进一步预测市场和制定经营决策的依据，这样才能按照市场需要进行购销活动，实现企业的经营目的。

2. 市场预测

市场预测是指通过有关市场信息的分析，对市场未来的发展变化提出合乎逻辑的推断。商业企业之所以要承担和发挥市场预测的职责和功能，是由于商业企业的经营目的需要相当长时间的努力才能实现。因此，必须通过制定和执行阶段性的决策目标和行动方案，才能激励企业全体成员为之奋斗，逐步向经营目的接近。而实现决策目标的方案是很多的，应尽量设想并对每个方案执行后的结果进行预测，以便从中选定一个令人满意的决策方案。因此，市场预测是商业企业经营必须承担和发挥的一个重要职能。

3. 经营决策

经营决策是在市场调研和市场预测的基础上，先确定目标，然后提出很多可供选择的行动方案，从中择优选定一个决策方案，并付诸实施的过程。商业企业之所以要承担和发挥决策职能，是由于企业需要解决的重大问题即决策目标的实现，有很多方案可供选择，决策者的责任就在于有高瞻远瞩的能力，负责从中选定售价满意的决策方案，并组织实施，以保证决策目标的顺利实现。决策是未雨绸缪，而不是雨后绸缪，它决定着企业的命运，并贯穿于经营与管理的各个方面，其他职能都是为实现决策目标而服务的，因此，经营决策是企业经营的核心职能。

4. 媒介商品交换

媒介商品交换是指生产与消费之间的交换关系由商业企业媒介促成，它是商业企业经营的一项最基本的职能。现代商业企业的经营活动之所以要承担媒介商品交换的责任并对商品交换发挥媒介作用，是由现代商业企业在社会再生产过程中所处的地位决定的。社会再生产过程包括生产、分配、交换和消费四个环节，现代商业企业的经营活动正处于一头联系生产，另一头联系消费的中介地位。因此，媒介商品交换是现代商业企业责无旁贷的基本职能。

商业企业经营的以上四种职能是互相联系、互相制约而又不能互相代替的，其中以影响企业命运的经营决策职能为核心，其他三种职能都必须为经营决策的制定和贯彻执行提供市场信息和企业经营信息。

第 2 节　商业企业的类型

现代商业企业可以从各种不同角度进行分类，常见的分类方式主要有以下几种。

一、按生产资料所有制形式分类

现有商业企业按生产资料所有制形式分类，共分为两类：一是公有制商业企业，不仅包括国家所有制商业企业和集体所有制商业企业，还包括混合所有制商业企业中的国有与集体成分；二是非公有制商业企业，包括私营商业企业、外资商业企业、混合所有制商业企业中的非公有制成分。

1. 国家所有制商业企业

国家所有制商业企业的所有权归代表全民利益的国家掌握，经营权则由企业本身行使。企业领导者由政府主管部门委任或招聘，或者由企业职工代表大会选举产生。经营利润除依法纳税外，还要为企业发展预留足够的发展、教育、福利基金，企业内部实行按劳分配原则。

2. 集体所有制商业企业

这类商业企业的生产资料归劳动者集体所有，遵循自愿结合、自负盈亏、按劳分配、民主管理的原则，实行独立核算，自主经营。其资金来源主要由劳动者自己集资和经营积累。经营收益除依法纳税外，均归企业职工所有。企业的领导者由企业成员民主选举产生。现阶段集体所有制商业企业主要有供销合作社和近年来在城镇新成立的集体所有制商业企业两种形式。

3. 混合所有制商业企业

混合所有制商业企业是指企业资产由多个主体投资，赢利依据资产份额进行分配，并以其全部资产对其债务承担责任的商业企业。

4. 私营商业企业

私营商业企业是由个体商业发展起来的，由个人投资，劳动力人数较多，生产经营规模较大，从事独立经营的经济组织。

5. 外资商业企业

外资商业企业是由外资发展起来的，依照中国法律在中国境内设立的全部资本由外国投资者投资的商业企业，如家乐福、沃尔玛等商业企业。

二、按商业企业所有制实现形式分类

现有商业企业按所有制实现形式分类，共分为国有独资有限责任公司、股份有限公司、有限责任公司、股份合作制商业企业、私营商业企业等。

1. 国有独资有限责任公司

国有独资有限责任公司是由国家授权的国有控股公司单独投资，只按投资额对企业债务承担责任的有限责任公司。设立国有独资有限责任公司有利于国家的绝对控制和管理，使公司的经营目标、宏观战略、投资决策等不偏离国家的意图，促进大企业的发展。它适用于某些特殊商品的经营企业。某些控股公司也可由国家独资创办。控股公司是以被控制的一家或若干家公司的股票作为其资产的公司。它一般较多地出现在由于横向合并而形成的企业中，这种结构能使被控制的各个子公司之间保持较大的独立性。

2. 股份有限公司

股份有限公司是通过向公众发行股票来筹集资金，而不允许个人及其企业发行股票，它将公司的全部股本分为等额股份，股东以其所持股份为限对公司承担责任，公司以其全部资产对公司的债务承担责任。股票可以上市公开交易，也可以不公开上市转让，上市公司只占少数。股份有限公司的股东按其持股数拥有对公司的监督权、表决权、红利分配权和企业清算时的财产分配权。股份有限公司拓宽了企业的筹资渠道，促进了所有权与经营权、控制权更彻底地分离，为现代化大企业创造了按现代企业制度形式有效发展的条件。

3. 有限责任公司

有限责任公司是由 2 个以上、50 个以下股东共同出资组成的，各个股东仅以其出资额为限承担公司债务的清偿责任，公司以其全部资产对公司的债务承担责任。有限责任公司保证了出资者不至于因公司破产而弄得倾家荡产，使公司可以筹集到更多的资金。但这种公司的股东人数极其有限，不得邀请公众公开认购其股份，也不能发行股票，股票只能在公司成员之间转让，一般不得对外转让。它一般适用于中小型企业，有利于公司员工同心协力，相互认同。

4. 股份合作制商业企业

股份合作制商业企业是一种利用现代股份经济的组织形式而发展起来的，实行企业经营管理与行政管理分离原则，能促进经营能力发展的公司所有制实现形式。它的基本特点可概括为如下两个方面：一是劳动合作与资本合作相结合，职工既是生产资料的所有者又是劳动者，企业的所有要素投入折成标准的股份，明确界定投资入股者的股权份额，通过股份的联合，实现劳动者财产、集体财产及各种要素的联合；二是按劳分配与按资分配相结合。在我国的股份合作制中，所有投资者仅以出资额承担企业的有限责任，不同于国外一些“两合”公司中主要股东承担无限责任。设立股份合作制公司有利于明确集体企业的产权，有效地解决企业资产无人负责的问题，促进集体企业制度的规范化。

5. 私营商业企业

私营商业企业是私营业主占有生产资料和雇用大量劳动者并占有他们劳动剩余价值的商业企业。私营商业企业有独资企业、合伙企业和有限责任公司的类型。

三、按商业企业在商品流通中的地位和作用分类

商业企业依据其在商品流通中的地位和作用可分为批发商和零售商。

1. 批发商

（1）批发商的概念

批发商是指以批发活动为基本职能的独立的中间商，介于制造商与零售商之间，以营利为目的的从事批发活动的组织。

（2）批发商的特点

1）处于商品流通的中间环节。批发商连接的是制造商和零售商。

2）其交易在企业之间进行。批发商的进货要与制造商交易；向零售商及经销商供货，也是与企业进行交易。

3）其交易后商品一般不退出流通环节。批发商的主要销售对象是零售商，产品到了零售商手中，仍要进一步流通才能到达最终消费者手中。

（3）批发商的类型

1）按经营商品种类分类。批发商可分为一般批发商和专业批发商。两者的区别在于，一般批发商经营商品种类繁多，而专业批发商则是经营某一类或某几类商品。

2）按服务区域分类。批发商可分为全国批发商、区域批发商和地方批发商。

担任全国性商品批发业务的叫做全国批发商，承担一个省、区范围内批发业务的叫做区域批发商，只担负某一市、县或某一贸易区批发业务的叫做地方批发商。

3）按是否拥有商品所有权分类。批发商可分为经销批发商和代理批发商。经销批发商拥有货物的所有权，而代理批发商是不拥有货物所有权的批发商。

4）按服务内容分类。批发商可分为综合服务批发商和专业服务批发商。综合服务批发商的特点是对制造商、零售商或用户提供市场经营的各种服务。而专业服

务批发商又可分为承运批发商、货物贩运批发商和现货自运批发商，其特点是只提供有限的服务。

2. 零售商

(1) 零售商的概念

零售商是指以向最终消费者（包括个人和社会集团）提供所需商品及其附带服务的组织。

(2) 零售商的特点

1) 平均每笔交易金额少，交易频率高。

2) 不仅向最终消费者出售商品，同时也提供相关服务。

3) 商圈较小。

4) 零售多为现货交易。

(3) 零售业态的含义

业态就是企业经营形态。零售业态即零售企业经营形态或经营类型。

根据近年来我国零售业发展的趋势，借鉴发达国家对零售业态划分方式，商务部组织国内有关部门对原《零售业态分类》标准进行了修订，并制定了新的零售业态分类标准。目前，我国零售业态是按零售店铺的结构特点，根据其经营方式、商品结构、服务功能，以及选址、商圈、规模、店堂设施、目标顾客和有无固定营业场所等标准进行分类。

(4) 零售业态分类及特点

零售业态总体上可以分为有店铺零售业态和无店铺零售业态两类。有店铺零售是有固定的进行商品陈列和销售所需要的场所和空间，并且消费者的购买行为主要在这一场所内完成的零售业态。无店铺零售是不通过店铺销售，由厂家或商家直接将商品递送给消费者的零售业态。零售业态具体包括食杂店、便利店、折扣店、超市、大型超市、仓储会员店、百货店、专业店、专卖店、家居建材商店、购物中心、厂家直销中心、电视购物、邮购、网上商店、自动售货亭、电话购物 17 种。

1) 食杂店。是以销售香烟、酒、饮料、休闲食品为主，独立、传统的无明显品牌形象的零售业态。

2) 便利店。是以满足顾客便利性需求为主要目的的零售业态。

3) 折扣店。是店铺装修简单，提供有限服务，商品价格低廉的一种小型超市业态。其拥有不到 2 000 个品种，并经营一定数量的自有品牌商品。

4) 超市。是开架售货，集中收款，满足社区消费者日常生活需要的零售业态。根据商品结构的不同，可以分为食品超市和综合超市。

5）大型超市。是实际营业面积 6 000 m^2 以上，商品种类齐全，满足顾客一次性购齐需求商品的零售业态。根据商品结构，可以分为以经营食品为主的大型超市和以经营日用品为主的大型超市。

6）仓储会员店。是以会员制为基础，实行储销一体、批零兼营，以提供有限服务和低价格商品为主要特征的零售业态。

7）百货店。是在一个建筑物内，经营若干大类商品，实行统一管理，分区销售，满足顾客对时尚商品多样化选择需求的零售业态。

8）专业店。是以专门经营某一大类商品为主的零售业态。例如办公用品专业店、玩具专业店、家电专业店、药品专业店、服饰店等。

9）专卖店。是以专门经营或被授权经营某一主要品牌商品为主的零售业态。

10）家居建材商店。是以专门销售建材和装饰、家居用品为主的零售业态。

11）购物中心。是多种零售店铺、服务设施集中在由企业有计划地开发、管理、运营的一种建筑物内或一个区域内，向消费者提供综合性服务的商业集合体。

12）厂家直销中心。是由生产商直接设立或委托独立经营者设立，专门经营本企业品牌商品，并且多个企业品牌的营业场所集中在一个区域的零售业态。

13）电视购物。是以电视作为向消费者进行商品推介展示的渠道，并取得订单的零售业态。

14）邮购。是以邮寄商品目录作为向消费者进行商品推介展示的主要渠道，并通过邮寄方式将商品送达消费者的零售业态。

15）网上商店。是通过互联网络进行买卖活动的零售业态。

16）自动售货亭。是通过售货机进行商品售卖活动的零售业态。

17）电话购物。是主要通过电话完成销售或购买活动的一种零售业态。

第 3 节　商品采购与销售

一、商品采购

1. 商品采购的概念

商品采购是商业企业在对市场进行调查研究的基础上，为适应消费者需要，向生产企业或其他商业企业购买商品的一种经营活动，它是商业企业经营活动的起点。

商品采购是商业企业业务活动的重要组成部分，是企业经营活动的重要物质基础和必要前提。商品采购的好坏直接影响着企业的经济效益和社会声誉与形象，是企业经营成败的关键。商品采购的重要意义在于：

（1）做好商品采购工作，有利于提高企业销售工作的质量

商品采购是企业经营活动的开端，俗话说得好，只有买好才能卖好，卖是以买为前提的。商品经营主要有三个环节，即商品采购→商品储存→商品销售，所以商品销售的质量首先取决于商品采购的质量。

（2）做好商品采购工作，有利于提高企业的经济效益

商业企业的经济效益来源于商品的进销差价，即所谓的贱买贵卖。一方面商品采购价格越低则企业效益越高；另一方面，商品采购越符合消费者的需要，越能适销对路，则企业效益会越好。

（3）做好商品采购工作，有利于满足消费者的消费需求

商品采购不仅要进得来，更要出得去，只有采购的商品受消费者的欢迎，才能更好地满足消费者的需求，这也是企业经营的根本宗旨。

（4）做好商品采购工作，有利于保护消费者的消费权益

通过严把进货关，能够确保所采购的商品质量合格，从而确保消费者的权益不受侵犯。

（5）做好商品采购工作，有利于树立企业的商品特色和竞争优势

企业的商品特色是企业的竞争优势之一，而商品特色是靠有效的商品采购工作来保障的。因此，企业拥有特有的商品采购渠道，有助于树立销售商品的特色品牌，也是提高企业竞争力的途径之一。

2. 商品采购的原则

进行采购活动，除遵守国家的各项相关法律、法规、方针、市场原则（主要指公开、公平、公正、效益和诚信原则）及企业的各项规章制度外，还要遵循“五不”“五权分离”“六优选”及“5R”等原则。

（1）“五不”原则

“五不”原则即无计划不采购、“三无产品”不采购、名称规格不符不采购、无资金来源不采购、库存已超储积压的物资不采购。

（2）“五权分离”原则

“五权分离”原则即计划审批权、采购权、合同审查权、质量检验权、货款支付权分离。之所以这五权要分离，主要是分工明确可以使各项工作有序进行，同时

可以有效防止采购人员的徇私舞弊行为，更好地维护企业利益。

（3）“六优选”原则

“六优选”原则即在同等条件下，质优价低优选、本单位优选、近处单位优选、老供应商优选、直接生产单位优选、信誉好的单位优选。

（4）“5R”原则

“5R”原则即采购必须围绕“价”“质”“时”“量”“地”等基本要素来开展工作，就是要“适价（Right Price）”“适质（Right Quality）”“适时（Right Time）”“适量（Right Quantity）”“适地（Right Place）”进行采购。

1）适价原则。即在保证采购物资同等品质的情况下，价格不高于同类物资的价格。价格永远是采购活动中关注的焦点，采购人员也不得不把相当多的时间与精力放在同供应商的“砍价”上。当然，一个合适的价格往往要经过以下几个环节的努力才能获得：①多渠道获得报价；②比价；③议价；④定价。

2）适质原则。一个优秀的采购人员不仅要做一个精明的商人，同时也要在一定程度上扮演品质管理人员的角色。在日常的采购作业中，要安排部分时间去推动供应商完善品质体系，不断改善、稳定物料品质。

3）适时原则。企业已安排好的生产计划因原材料未能如期到达往往会引起企业内部混乱，即会产生“停工待料”，产品不能按计划出货会引起客户强烈不满。若原材料提前太多时间买回来放在仓库里“等”着生产，又会造成库存过多，大量积压采购资金。故采购人员要扮演协调者与监督者的角色，促使供应商按预定时间交货。若企业实施 JIT（准时化）采购，交货时机就更显重要。

4）适量原则。采购量多，价格就便宜，但不是采购越多就越好，应根据资金的周转率、储存成本、物料需求计划等综合计算出最经济的采购量。采购量的大小决定生产与销售是否顺畅，资金调度是否合理。物料采购量过大，会造成过高的存货储备成本与资金积压；物料采购量过小，则采购次数增多，采购成本提高，因此控制适当的采购量是非常必要的。

5）适地原则。天时不如地利。企业往往容易在与距离较近的供应商合作中取得主动权，企业在选择试点供应商时亦必须选择近距离供应商。供应商距离企业越近，所需运输费用就越低，机动性就越高，协调沟通就越方便，成本自然也就越低，同时也有助于紧急订购时的时间安排。

以上原则既是商品采购工作进行的行为规范，也可以是方法；既有不同的适用条件，又可以相互结合，灵活调整。

3. 商品采购的渠道

（1）商品采购渠道的种类

1）本地批发企业是采购的主要渠道。从本地批发企业进货有以下好处：本地批发企业所经营的商品品种比较齐全，基本能满足企业的需要；本地批发企业与商业企业距离近，便于商业企业看样选购，随购随提货，减少在途和库存时间，以便实现勤进快销原则，提高经济效益；本地批发企业与商业企业之间有较稳定的业务关系，可以帮助企业调整商品结构，调剂商品余缺，还可以提供各种服务。

2）外地批发企业是采购的辅助渠道。从该渠道进货可以弥补本地商品可供量不足，调剂花色品种。到外地批发企业采购商品，要编制外地进货计划，不能盲目进货。尽量与外地批发企业建立比较固定的供销关系。这样，不仅可以掌握比较充足的货源，而且还可以互通商情信息，增强互惠互利的合作关系。

3）生产企业是采购的重要渠道。商业企业直接从生产企业进货有以下好处：密切产销关系，有利于生产企业获得产品销售信息，克服产销脱节现象，促使产品生产适销对路；减少商品流转环节，降低流通费用，减少商品损耗，加速流动资金周转；可以接受生产企业提供的促销服务，如广告宣传、商品维修、退换、价格优惠等；有利于适应市场变化，保持经营特色，增强市场竞争力。

（2）选择商品采购渠道的原则

1）环节少。能从生产部门直接进货的，就不要经过其他商业环节；能从产地批发企业进货的，就不要经过销地批发环节。尽量减少中间环节，以降低成本。

2）费用省。从运输里程、环节、运输工具、运输时间上综合考虑，尽量节约进货费用。

3）渠道短。在保证商品品种、数量的前提下，尽量就近进货，避免舍近求远，远距离运输。

4）经济合理。选择环节最少、渠道最短、费用最省、经济效益最高的进货渠道。

4. 商品采购的形式

（1）按照采购方法划分

1）计划收购。商业企业和生产部门按国家下达的计划，进行产销衔接，确定收购的品种、数量、规格、花色，签订购销合同，商业企业按计划收购，生产部门按计划交售。

2）合同订购。这是商业企业根据市场需要，同生产部门协商，通过签订购销合同，订购商品的形式。生产部门按照合同规定的商品品种、规格、数量、质量、价格、交货时间，向商业企业交售商品，这是建立在产销双方平等互利和自愿基础上的交易行为。

3）自由选购。这是商业企业向生产部门或向其他商业企业自由选择采购，以销促产，工商双方自愿让渡并共担风险的采购方式。

4）代批代销。这种采购方式比较灵活，它既能帮助生产企业打开销路，又能在节省资金占用的条件下扩大企业经营。但代批代销要本着工商双方自愿和互利的原则，共同协商，签订协议书，明确双方职责，严格遵照执行。

5）工商联营联销。它是通过工商企业双方达成的协议建立的一种合作关系，对经营的结果采取利益均沾、风险共担的原则。

6）来自国外进口。这部分货源多属调剂性质的货源。国外进口的商品货源可分为两类：一类是国家有关部门统一进口、统一分配的，另一类是地方根据市场需要自己组织进口的。

（2）按照采购组织形式划分

1）集中采购。即商业企业设采购机构及专职采购员统一组织企业的商品采购活动，营业柜组只负责拟订销售与订货计划。这种采购方式的优点是能节省整个企业的资源，减轻柜组负担；统一使用资金。它的缺点是容易产生购销脱节，从而引起营业柜组与采购部门的矛盾；企业内部调拨手续烦琐。它适用于小型零售企业、专业商店，也适用于大型零售企业到外埠采购商品。

2）分散采购。即商品部或营业柜组根据下放的采购权限，在经营范围和商品资金定额的范围内，设立兼职采购员，自行组织采购。这种采购方式的主要优点是进销合一，有利于调动部组的积极性，及时进货；有利于采购的商品适销对路；有利于加速资金周转。它的缺点是容易浪费人力、运力和财力，增加营业柜组的负担。它主要适用于在本地采购的大型零售企业或实行经营承包责任制的部组。

3）集中采购与分散采购相结合。即企业统一采购与商品部、营业柜组分散采购相结合的采购方式。从外地采购由企业统一组织，从当地采购由各商品部、组分散进行；大宗商品采购由企业统一组织，小批量采购由商品部、组分散进行。这种采购方式既发挥了上述两种方式的优势，又避免了它们的缺点。这种采购方式适用于统一领导、分组管理形式的大中型商业企业。

4）联购分销。这是由若干个商业企业联合派出采购人员，统一向生产企业或外地组织进货，然后由这些企业分销的采购方式。这种方式大多适合于小型企业之间或者中型企业带小型企业联合组织进货。

（3）按照是否取得商品所有权划分

1）经销。经销即在进货时取得商品所有权，当场或约期付清全部货款，然后组织商品销售，同时要承担经营风险。经销的一种特殊形式是总经销。总经销是指批发企业与生产企业双方通过协商，明确在一定时期内，生产企业的产品由某批发企业在国内市场或某一地区全部经销。它有控制某种商品货源的垄断权，取得总经销权的企业或商人具有该地区的总批发商的地位。因此，获得某个优质产品的总经销权，就能获得良好的经济效益。

2）代销。代销即生产企业委托商业企业销售商品。代销不取得商品所有权，也就不承担商品经营的风险。代销一般与供货人签订代销合同，规定代销品、送货方式、利润分成、售后服务方式等内容。

3）总代理。总代理即生产企业在市场上选择一家信誉好、竞争力强的商业企业作为某个产品在一定区域的经营代理商，该商业企业就被称为总代理。总代理的权限依据双方协议而定。

二、商品销售

1. 商品销售的含义及作用

商品销售，就是商品所有者通过商品货币关系向货币所有者让渡商品的经济活动。

商品销售是商品流通企业经营的中心环节，也是实现社会再生产的必要条件。搞好商品销售工作，有以下重要作用：

（1）满足人民群众日益增长的物质文化生活的需要

只有搞好商品销售工作，消费者才可能获得自己所需要的商品和服务，从而满足生活的需要。

（2）促进生产的发展

一方面对于工农业生产企业来说，虽然经过流通企业的商品收购，可实现商品资金向货币资金的转换，直接生产过程又可以重新开始。但从整个社会来看，商品从生产领域进入流通领域，并没有最终实现其价值和使用价值。只有商品流通企业积极努力地推销商品，使商品进入最终消费领域，才能实现商品的价值和使用价值，生产企业才能重新获得资金，进行商品再生产。另一方面，生产企业在生产过程中需要大量的生产资源，如原料、设备、能源等。流通部门通过商品的销售把这些生产资源源源不断地供给生产部门，满足其对生产资源的实际需要。生产企业利用这些资源进行扩大再生产，为社会提供越来越多的物质财富和精神财富。

（3）实现经济效益

商品销售顺畅与否对于实现个人、企业、国家三方面的经济利益具有重要意义。生产企业只有通过商品的销售，才能实现商品价值和使用价值的转换，才能实现经济效益。同样，商品流通企业在组织商品经营活动中，无论是采购、运输还是储存，都必须垫付资金，只有销售才能形成收入。商品流通企业的经营利润和销售量息息相关，所以只有搞好销售工作，经营者才能取得劳动报酬，企业才能获得经营利润，国家也才能获得财政收入。同时，流通企业中的生产性劳动如包装、运输、加工等，也能创造价值和使用价值，也能获得一定的经济效益。

（4）直接收集市场信息

收集市场信息是商品流通企业的重要职能之一。因为商品销售直接面对顾客，最了解顾客对商品和服务的意见，同时也最了解顾客的愿望和想法。商品销售工作者可以把这些意见收集起来，反馈给生产部门，生产部门根据顾客的要求对商品和服务进行改进，这样就能更好地满足顾客的需要，同时商品流通企业也要根据顾客的意见进行经营决策。

2. 商品销售的原则

（1）顾客至上的原则

商业企业的经营目的是为了满足消费，没有消费，就没有交换，也就没有商业的存在和发展。消费行为的主体是购买商品的顾客。“顾客至上”的原则要求商业企业时刻掌握顾客的需求动向，以顾客的需求变化来指导商业企业的营销活动，千方百计地提供适应消费者需求的商品，取信于消费者。

（2）讲求效益的原则

企业在商品经营活动中，要努力追求经济效益与社会效益的统一。企业的销售活动必须讲求经济效益，以尽可能少的费用争取最大的经济效益，这是客观经济规律的必然要求。商品销售作为经营活动的中心环节，同样要讲求赢利，但是企业的经营活动不应仅仅局限于某一笔交易，应力求避免短期行为，要通过满足消费者的需要，不断扩大商品的销售量，降低运营成本，从而获得更多的利润，为企业自身的发展提供更多的资金。

（3）优质服务的原则

商品销售是同时提供商品实体和服务的经营活动。企业在经营活动中，必须树立以消费者为中心的经营观念，充分认识到服务优劣对商品销售工作的影响作用。对消费者的服务是产品整体概念的一个重要组成部分。在 21 世纪的今天，随着技术的进步，商品质量本身的差距会越来越小，服务的竞争将会越来越重要。

（4）以诚经商的原则

以诚经商的原则就是要求买卖公平，不弄虚作假；还要求文明礼貌，热情待客。企业应守信于自己的服务对象，取信于他们，逐步建立起良好的企业形象，争取更多的顾客和回头客。这一点在进行商品信息沟通的时候尤为重要，企业应尽力提高顾客的满意程度。顾客的满意程度对于争取顾客，提高企业的竞争力具有十分重要的作用。

3. 商品销售的方式

商品销售方式可以多种多样，应从企业与市场竞争的实际出发，选择恰当的销售方式。

（1）根据商品销售活动的地点与形式划分

1）门市销售。门市销售是商业企业在固定的场所进行商品销售的方式，零售企业的门市销售主要有柜台售货、敞开式售货、自选式售货。

柜台售货：这种售货方式是用柜台将顾客和营业员分隔开，商品摆放在柜台或货架上，顾客选购商品必须经过营业员的传递，通过柜台进行交易。这种方式的优点是营业员可以直接向顾客介绍商品，帮助挑选，并可以随时听到顾客的意见，便于信息的收集和反馈，同时便于商品的保管，确保商品的安全，避免丢失和污损。但这种方式的缺点也很明显，主要是营业员的劳动强度较大，需用营业员较多，且不便于顾客的挑选。所以它一般只适合于零星细小，交易频繁，顾客的选择性不强，贵重的商品如钟表、金银饰品、医药商品等，以及关系到人员身体健康的物品如食品等的销售。

敞开式售货：这种销售方式是顾客与营业员在同一场地，没有柜台相隔，顾客可以直接接触商品，自由选购。顾客选定商品之后交给营业员拿取、包装商品。这种销售方式的优点是，减轻了营业员的劳动强度，顾客可以自由选购商品，提高了顾客的购买兴趣和满意程度，提高了成交率，但在货物的管理上相对比较困难。它适合于花色品种比较复杂、选择性较强的产品和大件笨重产品如服装、皮鞋、日用百货、食品、冰箱、电视、自行车等的销售。

自选式售货：它是由敞开式售货发展而来，货物有外包装，并标明价格，摆放于货架上，由顾客自由选购。营业员的主要工作是解答顾客提出的问题，补充、摆放、看管商品。由顾客自己到电子计算机收款处付款。这种销售方式的优点是营业员较少，劳动强度较小，商品价格便宜，且便于顾客挑选；但缺点是对商品的包装配送、计算机管理方面的要求较高，且在货物的管理上难度很大。

2）展览销售。这种销售方式是通过举办展销会，将商品实物或其他资料如图片等陈列出来，在一定的期限内展览销售。其主要特点是将各种花色品种的商品集中在专柜陈列展销，并有营业员宣传介绍，解答顾客提出的问题，引导顾客购买，并常伴有一定的促销活动。

3）流动销售。这种销售方式是零售企业销售活动的一种补充方式，它不受营业时间、地点的限制，可以深入到居民区、集市等地方，更接近于消费者，更便于顾客购买。这种销售方式可以是设摊销售、上门推销和设流动售货车等。

4）邮寄销售。这是专门为外地顾客服务的一种销售方式。消费者可以通过广告或企业寄送的商品目录来了解商品的功能和价格，然后通过电话或邮寄订货单的方式订货，企业以邮寄的方式销售商品。这种方式可以满足不同地区顾客的某些特殊需要。

5）电话销售。这种销售方式是消费者通过广告了解商品的性能和价格，特别是通过电话购物广告对商品有较为全面的了解之后，通过电话订购，商业企业根据订购信息派人送货上门。

6）预约销售。这是由顾客事先向企业登记预约所需的商品，到货后商业企业通知顾客取货或送货上门的一种销售方式。它的优点是方便顾客购买，节省购货时间，扩大商品销售。

7）自动售货。这是采用自动售货机出售商品，消费者按价格投币后，商品从机器中自动出售的售货方式。它适用于交易频繁、品种单纯的食品和小商品。这种售货方式能提高售货效率，但出售的商品品种有限，且成本较高，需具备一定的技术条件。

8）网上销售。这是利用互联网，通过网上交易，供货商按照顾客提供的信息，将货物送达顾客并办理结算手续的售货方式。目前，随着现代通信与信息技术的发展，网上销售已越来越成为人们购物的主要方式之一。其优点是手续便捷，顾客坐在家里就可以完成购物过程，但需要较强的技术支持及配送服务。

9）目录销售。这种销售方式是通过供货商向顾客提供商品目录，顾客选中商品后，签订供货单，由供货商将商品送达顾客，并办理结算手续。目前此种方式在国外较为流行，在我国还不多见。

10）样品销售。这是由供货商向顾客提供各种商品的样品及相关信息，顾客选定后，由供货商将商品按照顾客要求送达，并办理结算手续的销售方式。目前这种形式在国外较为流行，在我国还不多见。

（2）根据销售渠道环节和销售的组织形式划分

1）直销。直销是指生产企业自己直接指导商品销售给最终的目标市场，而无需通过任何中间商的销售方式。直销可以通过自己设立的专卖店或特许经营连锁专卖店进行，也可以寻找零售商，设立店中店或专柜直销。直销有利于减少销售环节，降低销售价格，并能及时地反馈市场信息；但也分散了生产企业的精力，增加了生产企业的投入，不利于社会专业化分工的组织与发展。直销往往被一些专业性很强的生产企业采用或对销售策略有特殊要求时采用。

2）代批代销。这是一种售后办理结算手续的采购方式。这种采购方式比较灵活，它既能帮助生产企业打开销路，又能在节省资金占用的条件下扩大企业经营。但代批代销要本着供销双方自愿和互利的原则，共同协商，签订协议书，明确双方职责，并严格遵照执行。

3）经销。经销是一种商业企业向生产企业买断产品，开展商业经营的销售方式。买断产品经销的实质，是供销企业按照各自的市场分工，建立起正常合理、风险共担、利益共享的合作关系。开展规范的经销方式，可以促使商业企业研究市场，慎重进货，努力提高自己的经营与管理水平，增加真正的市场竞争力。而生产企业则可以根据市场需要，集中精力提高产品质量，并不断开发新产品，提高产品的市场竞争力，这对于经销双方都有好处。

4）经纪销售。经纪销售是供货商与销售商利用经纪人或经纪行为沟通信息，达成交易的方式。经纪方不直接管理商品，更不承担风险，只是通过为供、销双方牵线搭桥收取"佣金"。

5）联营销售。联营销售是由两个以上不同经营单位按自愿互利的原则，通过一定的协议或合同，共同投资建立联营机构，联合经营某种销售业务，按投资比例或协议规定的比例分配销售效益。

4. 商品销售的策略

(1) 开拓市场策略

开拓市场包括开拓原有的商品市场，即增加花色品种、规格型号，开拓新产品市场，开拓销售市场和开拓服务领域。

(2) 市场定时策略

商业企业必须审时度势，正确选择商品进入市场的时机，实现商品与时间的最佳组合。这一策略主要针对时尚性商品、季节性商品及新产品的经营而言。

(3) 薄利多销策略

这是一种以追求市场占有率为目标，从低安排利润的扩销策略，主要适用于价格需求弹性较大的日常生活用品。

(4) 拾遗补阙策略

有些企业由于人、财、物条件有限，不能与同行展开正面竞争，只能避开竞争密集的商品，而着眼于拾遗补阙，这是扬长避短的策略。

（5）服务销售策略

现代经营学认为，销售与服务相比，服务是第一位的，服务能够促进销售，销售必须辅以服务。优质服务和特色服务已成为企业在市场竞争中取胜的法宝，表现在战略上就是所谓全过程服务。

5. 商业企业促销

常见的商业企业促销活动的方式有以下几种：

（1）折扣销售

折扣销售是各商业企业比较常用的一种促销方式。是指商品在销售时，在目前价格的基础上打折，按打折后的价格进行销售。

（2）购物赠券

购物赠券就是商业企业规定在顾客购物达到一定额度后，赠送相应的代币券，鼓励顾客再次进行消费的促销活动。

（3）购物赠现

购物赠现是商业企业规定在顾客消费购物达到一定额度后，赠送给顾客一定数量的现金，以促进销售的活动。操作时可选择将返还现金直接抵减商品的现售价格的方式，也可以采用不抵减商品销售价格，单独返还顾客现金的方式进行。

（4）购物赠物

购物赠物即商业企业在顾客购买商品达到一定额度后，赠送同类或其他的商品进行商品促销的活动。

（5）有奖销售

有奖销售即商业企业根据自身的销售现状、商品的性能和消费者的情况，通过给予奖励的方式促进商品的销售，引起消费者的注意，刺激消费者的购买欲望，以扩大销售、增加效益的促销活动。有奖销售的奖品可以是现金，也可以是各种价值不等的商品或购物券。

（6）积分返利

积分返利是指企业制定积分政策，推出购物积分卡，消费者购买商品后就获得相应的积分，达到一定标准就可兑现积分，获得相应的现金或实物的促销活动。其处理方式同购物赠现、购物赠物等方式。

（7）会员折扣

会员折扣是顾客购物达到一定标准后，即成为该企业的会员，再次购物时以会员价格购买，该价格一般较正常价格优惠。实际上会员折扣也是一种折扣销售，即会员价格是正常商品价格减去会员享受的折扣之后的价格。其处理方式同折扣销售。

(8) 限时销售

限时销售是企业为了促进销售，刺激消费者购物，在指定的区域和时间，通常规定在非营业高峰时间进行的一种折扣销售活动。一般时间规定在中午、晚上甚至凌晨等，参与限时购物的商品价格都远低于正常销售价格，折扣力度较大。

(9) 降价销售

降价销售即在现有商品价格的基础上，由于某种特殊原因减价销售的一种促销活动。一般商品为过季商品、反季商品或者特价商品，价格较低。

(10) 捆绑销售

捆绑销售是把产品甲和产品乙不单独标价，按照捆绑后的统一价出售，也可以把产品甲和产品乙放在同一包装里出售。

(11) 以旧换新销售

以旧换新销售是指企业为了更好地促进商品销量上升，对消费者使用过的商品以质论价或规定定额收购价格，在其购买同类商品时，在原价的基础上减除收购价格后为实际商品价格的一种促销方式。家电行业常用此种促销方式销售商品。

除上述所介绍的商品促销方式外，近年来随着商业形式的发展，各种新兴业态形式的出现，商品经营模式及商品促销方式都在不断变化，不断涌现出各种新型的促销方式与手段。所以不论哪一种促销方式或手段，只要能真正促使消费者产生购买行为，促进商品的最终销售，都可以灵活组合与运用。

第 4 节　商品储存与保管

一、商品储存

1. 商品储存的必要性

商品储存是指商品在流通过程中的暂时停留。它和商品采购、销售一样，也是商品流通过程的一个必要环节。

商品之所以要储存，是由商品的生产、消费、运输等各种因素以及其他特殊因素所决定的。归结起来主要有以下几方面原因：

（1）商品生产与消费之间的时间矛盾

在商品的生产与消费之间时间分布是不均衡的，有的商品是常年生产，常年消费；有的商品是常年生产，季节消费；有的商品是季节生产，季节消费；有的商品是季节生产，常年消费。因此，商品生产出来以后，不可能一下子全部都销售出去而进入消费领域。为了保证生产的正常进行和不同时期的消费需要，就要有一个或长或短的商品储存时间。同时，由于商品购进和销售不可能全部一致，有的商品购进后销售得快，有的商品购进后销售得慢。因此，为了保证商品流通不因购销时间不一致而发生中断，必须保持一定数量的商品处于储存环节。

（2）商品生产与消费之间的空间矛盾

有些商品的生产有明显的地域性，有些商品是地域性生产，全国消费，尤其是大部分农产品。如南方的水果，在北方就无法生长，而北方的水果南方也不能种植，所以为了解决这一空间矛盾，就需要通过一定的商品储存来进行调节。

为了使商品更加适合消费者的需要，许多商品在最终销售以前，还要进行挑选、整理、分装、编配等工作，有一定量的商品停留在这段时间内，也形成了商品储存。在商品运输过程中，在车、船等运输工具和发运商品的衔接上，由于在时间上不可能完全一致，也产生了在途商品对车站、码头流转性仓库的储存要求。

2. 商品合理储存的要求

商品储存是按照商品流通规律，以保障商品流通的连贯和畅通为基本职能的。对商品储存总量的要求是，既不脱销，又不积压，能加速资金周转和提高经济效益，使商品流通顺利进行。为此，商品合理储存应满足以下要求。

（1）存货数量要适当

库存商品的数量，刚好是保证销售的连续且略有盈余。储存量过大或过小会导致商品积压或脱销，不但对生产、消费不利，对企业的经营也不利。确定商品储存数量时要注意以下因素的影响：

1）商品销售量大小。销量大，存货量就应多些。

2）商品供求状况。商品供求偏紧，存货量应多些；供求平缓，存货量可小些。

3）商品理化性质。商品易腐、易燃，需要特殊保管条件，存货量不宜多。

（2）存货结构要合理

商品储存结构是指不同品种、规格、质量的商品之间合理储存的数量关系。储存结构要适合一定时期内消费者的需求结构。比例不合理，势必造成积压或脱销，从而影响到市场供应与企业效益。要做到商品储存结构合理，对外必须熟知市场行情，通过调查，了解哪些商品好销，哪类商品滞销，哪种商品一般，做到心中有数；对内必须掌握各类商品性能、用途、特点及其库存量，内外结合，综合分析。发现结构不合理要及时采取措施，加以调整。

(3) 存货期限要适宜

各种商品在库储存时间应多长，要考虑以下因素：

1) 商品的自然属性。凡商品质量有失效期的，在库时间不得超过保质期。如食品、药品、化妆品等。

2) 储存保本期。商品在库超过一定期限，费用支出便会大于进销差价，发生亏损，所以，存货期不应超过保本期。

3) 商品生产与消费的季节变化。常年生产、季节消费或季节生产、常年消费的商品，存货期应适当长些，以保证市场供应。

4) 商品的寿命周期。要经常分析商品的寿命周期阶段，以便及时采取对策。寿命周期短的，储存时间不宜过长。

(4) 必须保证商品质量

为保证商品质量，企业首先要把好入库关，做好入库商品的检验工作；其次要注意商品养护，保证商品在库期间不被损坏和变质。

二、商品的保管与养护

1. 商品保管的要求

商品在库保管，是仓库管理的中心环节，也是商品储存的一项经常性业务。商品在库储存期间，由于商品本身性质的变化，外界条件及一些人为因素对商品的影响，使商品容易发生数量和质量的变化。为此，应采取必要的养护措施，保护商品质量，减少商品损失。商品保管主要是做好以下几项工作：

(1) 库存商品的数量管理

目前我国仓储部门广泛使用账卡管理制度，即通过设置商品保管账和商品货卡，并定期进行库存商品盘点，做到账、卡、货三者相符，以保证库存商品数量的准确。

(2) 合理安排仓容货位

对于入库的商品，应根据各种商品的物理性能、化学成分、体积大小和包装情况等，合理安排仓容货位。通常采用“分区分类和货位编号”的办法。分区，就是将库房、货棚、货场划分成若干商品保管区，按地区堆放商品。货位编号，就是将仓库的库房、货棚和货场以及货架等存货场所，按地点、位置顺序编制号码并做出明显标志，也可绘制分区、分类的货位编号平面图。

（3）堆码商品

在库商品的堆码是在货位规划的基础上进行的。一般是根据商品的包装、形态、重量、数量、性能和储存时间，采用适当的堆码方法。常用的堆码方法有散堆法、堆垛法、货架堆码法和托盘堆码法。堆码方法恰当与否，既影响商品的质量保护，又影响清点商品的方法。因此，堆码商品的基本要求应是合理、牢固、定量、节省空间和方便。

2. 商品养护的要求

商品养护，是指商品在储存期间所进行的经常性的保养和维护工作。

在商品保管过程中，对商品质量发生影响的因素主要是日光、空气、温湿度、昆虫微生物、氧气、有害气体及尘埃等。仓储商品出现的各种问题，都有一个由量变到质变的过程，只要预先采取各种相应的养护措施，就能防止或减少各种因素对商品的不利影响，保证商品的储存安全。商品养护工作的方针是“以防为主，防治结合”。为此商品养护的要求如下：

（1）掌握商品性能，选择好货位

货位选择，即具体落实每批入库货物的储存点。合理选择货位，必须遵循安全、方便、节约的原则。货物因其原料的成分和结构的不同而具有不同的性质，有的怕冻，有的怕热，有的怕潮。如果货位不能适应储存货物的特性，就会影响货物质量，发生霉腐、挥发、干裂等变化；为了方便出入库业务，要尽可能缩短收、发货作业时间；以最少的仓容，储存最大限量的货物，提高仓容使用效能。

（2）加强仓库温湿度管理

在使商品发生质量变化的各种外界因素中，空气的温度和湿度对商品质量的影响最为广泛，各种商品对温湿度都有一定的适应限度，超过了就会发生霉腐、锈蚀、溶化、干裂、褪色、挥发、老化等异状。因此，要在仓库内外设置温度计和湿度计，经常检查温度和湿度。应根据库存各种商品的性能要求，分别采取恰当的措施，如密封、通风、降温、吸潮、翻垛、晾晒、烘烤、遮光、升温、洒水等。

（3）严格执行商品在库检查

商品在储存期间受到各种因素的影响，在质量上可能发生变化，如未能及时发现，就可能造成损失。对库存商品的质量情况，应进行定期或不定期的检查。定期检查是根据商品性能、储存条件，结合季节气候进行的商品质量检查。一般在春、秋季各进行一次大检查。不定期检查是当天气出现突发性变化，如台风、暴雨时对商品进行检查，或对易变性质的商品、储存环境比较特殊的商品进行的检查。

（4）根据商品性能采取防护措施

五金商品容易氧化生锈，可采取涂油防锈措施；性质互相抵触的商品应分开堆放，如互相串味的商品，怕冻和怕热的商品；一旦发现鼠害、虫害，要立即采取消毒、蒸熏、撒药、诱捕等措施，以防蔓延。

（5）做好仓库的安全和卫生工作

商品在装卸、搬运、堆垛、盘点等操作过程中，应严格操作规程，防止商品及包装受损。对怕压、怕振、易碎、易燃商品，要轻拿轻放。要经常保持仓库、营业场所和周围环境的清洁卫生，对陈列时间较长的商品要及时更换，以免日久而影响质量。

第3章 商品知识

第1节 商品质量

商品质量的含义包括狭义和广义两种。狭义的商品质量即自然质量，广义的商品质量即市场质量。

商品的自然质量通常称为产品质量、实用质量、技术质量、客观质量和商品品质，是评价商品使用价值及与其规定标准技术条件的符合程度。它是反映商品的自然有用性和社会适应性的尺度，可概括为商品的性能、精度、寿命、美观、音响、气味、手感、安全性、艺术性、可靠性及经济性等。它以国家标准、行业标准、地方标准或订购合同中的有关规定作为评价的最低技术依据。

商品的市场质量通常称为消费者最满意的质量、产品的制造质量和产品的服务质量，是指在一定条件下，评价商品所具有的各种自然、经济、社会属性的综合及其满足消费者使用、需求的程度。它是一个动态的、发展的、变化的、相对的概念。消费者对商品质量的评价受时间、地点、使用条件、使用对象、用途和社会环境以及市场竞争等因素的影响。

一、对日用工业品质量的基本要求

日用工业品是满足人们日常需求和美化生活需要的工业产品。包括很多种类，如家用电器、洗涤用品、文化用品、塑料制品、玻璃制品、陶瓷器皿、搪瓷器皿、铝制品、不锈钢制品、化妆品、箱包、鞋帽、玩具、日用小商品等。

根据日用工业品的用途和使用性能，对其质量基本要求可以概括为五方面：适用性、耐用性、卫生性和安全性、外表美观性、结构合理性。

1. 适用性

适用性是指日用工业品满足主要用途所必须具备的性能或质量要求。不同商品的适用性各有不同要求，如保温瓶必须保温，洗涤剂必须去污，电冰箱必须制冷，钢笔必须书写流利，手表要求走时准确，雨鞋必须防水，化妆品对肌肤无刺激，服装、鞋帽要求保暖、透气、无毒等。即使同一类商品，由于品种不同，用途也各不相同。如印刷用纸对油墨应有良好的吸湿性，而包装用纸则要求有一定的厚度和机械强度；再如，在玻璃制品中，茶杯要求耐热性高，镜子要求反映影像逼真，化学仪器要求耐酸碱性好。商品的多用性扩大了商品的适用范围。因此，适用性是构成商品使用价值的基本条件，也是评价日用工业品质量的重要指标。

2. 耐用性

耐用性是指日用工业品抵抗各种外界因素对其破坏的能力，它反映了日用工业品坚固耐用的程度和一定的使用期限、次数。例如，常用强度和耐磨耗等指标来评定皮革、橡胶制品和某些纸张的耐用性。对气压保温瓶规定了最少按压次数，电器开关可以开关多少次，手机电池可用多长时间，灯管在 220 V 电压下工作多少小时等，这些都是通过使用寿命来反映其耐用性的。提高日用工业品的坚固耐用性，就能延长商品的使用寿命，就等于不用额外消耗原料和劳动力，而提高了产品的质量。所以耐用性是评价绝大多数日用工业品质量的主要依据。

3. 卫生性和安全性

卫生性和安全性是指日用工业品在使用时不能影响人体健康和人身安全的质量特性。盛放食物的器皿、化妆品、玩具、太空杯、肥皂、牙膏及包装材料等商品应具有无毒无害性。各种家用电器不漏电、无超过标准限值的辐射、安全可靠，在使用过程中不发生危险。玻璃器皿中有毒的重金属元素应在一定的标准内。所以在评价日用品的质量时必须重视它们的卫生性和安全性。

4. 外表美观性

日用工业品的外观主要是指其表面特征。一方面包括商品的外观疵点，即影响商品外观或影响质量的表面缺陷；另一方面指商品的表面装饰，如造型、款式、色彩、花纹、图案等。对商品外观总的要求是式样大方新颖、造型美观、色彩适宜，具有艺术感和时代风格，并且应无严重影响外观质量的疵点。

5. 结构合理性

日用工业品的结构，主要是指其形状、大小和部件的装配要合理，若结构不合理，不仅影响其外观，而且直接影响其适用性和耐用性。例如，穿衣镜要足够长并有一定宽度，火柴梗的长度和横截面积要满足能够点燃可燃物所需要的时间并且剩余长度适宜，鞋跟的形状和在鞋底上的位置要符合力学原理，自行车零部件的搭配与组合要达到灵活和耐磨的要求等。

二、对食品质量的基本要求

食品是指为人体提供热量、营养，维持人体生命，调节人体生理活动，形成和修补人体各组织的物质，是人们生长发育，保证健康不可缺少的生活资料。因此，对食品质量的基本要求是：具有营养价值；具有良好的色、香、味、形；无毒无害，符合卫生要求。

1. 食品的营养价值

营养价值能给人体提供营养物质，这是一切食品的基本特征。其功能是提供人体维持生命活动的能源，保证健康，调节代谢以及延续生命。营养价值是决定食品质量高低的重要依据，是评定食品质量优劣的关键指标。

食品的营养价值包括营养成分、可消化率和发热量三项指标。

（1）营养成分

是指食品中所含的蛋白质、脂肪、碳水化合物、维生素、矿物质及水分等。由于每种成分各自起着它应有的作用，因此，人们可以从不同的食品中获得各种营养成分。

（2）可消化率

是指食品在食用后，可能被人体消化吸收的百分率，它反映了食品中营养成分被人体消化吸收的程度。食品中营养成分只有被人体消化吸收后，才能发挥其作用。营养学专家经过多年研究、实践得出结论：动物性食品的营养价值高于植物性食品的营养价值。

（3）发热量

是指食品的营养成分经人体消化吸收后在人体内产生的热量，它是评价食品营养价值最基本的综合性指标。

人体对食品的需要量通常采用能产生热量的碳水化合物、蛋白质、脂肪三种主要营养成分的发热量来表示。1 g碳水化合物或1 g蛋白质在体内经过消化和完全氧化后产生的热值均为4.1 kCal（约为17.2 kJ），1 g脂肪产生的热值为9.3 kCal（约为39 kJ）。

人们吃的主食，包括各种米、面等，是供给人体热量的主要来源；副食，包括各种蔬菜、水果、鱼肉、禽蛋、乳品及加工制品等，是热量的重要来源。一般来说，营养成分和可消化率越高，产生的热量就越多，营养价值就越高。但也不完全如此，如粮食加工精度提高了，营养成分损失了，可消化率却提高了。

2. 食品的色、香、味、形

食品的色、香、味、形是指食品的色泽、香气、滋味和外观形状。食品的色、香、味、形不仅能反映食品的新鲜度、成熟度、加工精度、品种风味及变质状况，同时可直接影响人们对食品营养成分的消化和吸收。食品的色、香、味、形良好，还可以刺激人产生旺盛的食欲。许多食品的色、香、味、形还是重要的质量指标，不同的色、香、味、形，决定食品本身的档次和等级。

3. 食品的卫生（无毒无害）

食品的卫生是指食品中不应含有或超过允许限量的有害物质和微生物。食品卫生关系到人们的健康与生命安全，有的还影响子孙后代，所以对于食品，卫生、无毒无害、无污染是最起码的要求。影响食品卫生的主要因素有以下五个方面：

（1）食品自身产生的毒素

如河豚、毒蘑菇、苦杏仁、土豆发芽部分具有的氰甙龙葵类毒素，花生发芽产生的黄曲霉毒素，死后的鳝鱼、鳖、河蟹体内产生的组胺毒素等对人体的消化系统、神经系统、血液循环系统都有严重的危害。

（2）生物对食品的污染

1）微生物污染。主要是细菌、细菌毒素、霉菌、霉菌毒素及大肠杆菌等。

2）寄生虫及虫卵污染。主要是旋毛虫、蛔虫、绦虫、蛲虫、姜片虫、肝吸虫等。

3）昆虫污染。主要是粮食中的甲虫类、蛾类、螨类及鼠类活动所造成的污染。

（3）加工中混入的毒素

如方便面、罐头、小食品、饮料等，因配料不当或超范围使用防腐剂、色素、香精，放置时间久了引起铅、锌中毒；油炸、烧烤食品时生成甘油醛，造成食品污染，影响人体健康。

（4）保管不善产生的毒素

食品因保管不善有可能感染微生物而腐败或霉烂变质。如温度过高，海产品会发生变质；花生、小麦、玉米、豆类等发霉后则能产生黄曲霉毒素，这些都会使人体致癌。

（5）环境、化学品造成的污染

主要包括工业上“三废”的不合理排放，使用化肥农药，使用不合乎卫生要求的食物添加剂和使用量不合理等使食品受到污染。另外，食品在生产、储存、运输、销售时，受到环境、化学品、菌类、重金属的污染也会导致有毒有害。

相关链接

10 种食物不宜多吃

1. 松花蛋

制作松花蛋需要用一定量的铅，因此多食可引起铅中毒，还会造成缺钙。

2. 臭豆腐

臭豆腐在发酵过程中极易被微生物污染，同时含有大量挥发性盐基氮及硫化氢等，这些都是蛋白质分解的腐败物质，多食对人体有害。

3. 味精

每人每天味精摄入不应超过 6 mg，过多摄入会使血液中谷氨酸的含量升高，限制了必需的 2 价阳离子钙和镁的利用，可造成短时期头痛、恶心等症状，对人的生殖系统也会带来不良影响。

4. 方便面

其中含有对人体不利的食品色素与防腐剂等，常吃对人体不利。

5. 葵花子

葵花子中含有不饱和脂肪酸，多吃会消耗体内大量的碱，影响肝细胞的功能。

6. 菠菜

菠菜营养丰富，但它含有草酸，食物中的锌与钙会与草酸结合而排出体外，从而引起人体锌与钙的缺乏。

7. 猪肝

1 000 g 猪肝含有胆固醇高达 400 mg 以上，而一个人的胆固醇摄入量太大会导致动脉硬化并加重心血管疾病。

8. 烤牛羊肉

牛羊肉在熏烤过程中会产生如苯并芘这样的有害物质，这是诱发癌症的物质。

9. 腌菜

腌菜如腌制得不好，会含有致癌物质亚硝酸胺。

10. 油条

油条中的明矾是含铝的无机物，天天吃油条，铝就很难由肾脏排出，从而对大脑及神经细胞产生毒害，甚至引发老年性痴呆症。

三、对纺织品质量的基本要求

纺织品是人们日常生活不可缺少的生活资料。随着社会的发展，纺织品的款式、品种日趋新颖、丰富，其功能已不再是简单的御寒遮体、维持生活，因此，对纺织品质量的最基本要求，既要耐用舒适、卫生安全，又要美观、大方、流行、具有时代性等。对纺织品质量的基本要求有以下几方面：

1. 材料选择的适宜性

纺织品的基本性能及外观特征，主要由其所用的纤维材料决定。不同种类的纤维（如棉、麻、毛、涤纶等），其织品的性能各不相同；即使同种纤维，品质不同，其织品也各有特色。因此，纺织品用途不同，所选择的纤维的种类和品质也各不相同。

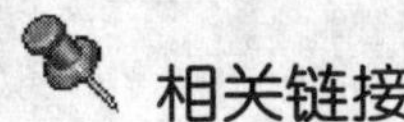

相关链接

常用的几种天然纤维

1. 棉花、棉纤维

棉纤维分为细绒棉和长绒棉。

细绒棉：又叫陆地棉。世界上95%以上种植的都是细绒棉，我国大量种植的也是细绒棉。细绒棉的纤维长度为25～31 mm。

长绒棉：也叫埃及棉，又叫海岛棉，棉花又白又细又长，光泽又好，是最优棉。一般用于高档织物。和细绒棉相比，长绒棉有以下几个特点：比细绒棉更细更长，其纤维长度一般都大于33 mm，可达60～70 mm；比细绒棉更柔软、更滑爽；能纺棉纱的支数更高。

棉纤维的特点：横截面为腰形状，内有很大的空腔。棉纤维是纤维素纤维，纤维上富含油脂。

鉴别方法：棉、麻、粘胶（人造棉、人造丝、人造毛）燃烧都很迅速，并伴有烧纸的味道。

2. 麻

常用的麻有苎麻、亚麻两种。麻一般较硬，用次氧酸（氧漂）浸泡后可稍微变软。麻纤维密度高，横截面、外观都与棉相似。

鉴别方法：通过外观直接鉴别的话，麻布的疵点较多。棉布较平整，少疵点和结子。就布的均匀度而言，人造棉的均匀度最好，光泽最亮，棉次之，麻最差。

3. 毛

毛属于蛋白质纤维。毛的后处理工艺分抓毛和剪毛两种。羊绒是指刚刚长出来的新毛，更细、更软，价格更昂贵。

羊毛的特点：是蛋白质纤维，所以燃烧的味道同烧头发味；纤维表面成鳞片状，鳞片也是蛋白质，较硬，且在纤维上是成倒鳞片状态（所以羊毛衫不能放入洗衣机洗，会缩绒）。

马海毛：原指安哥拉山羊毛，特点是纤维卷曲度大（卷曲度越大，蓬松度越好，手感、弹性、柔软度都会增强，具有很好的恒温保暖效果）。现在的马海毛大都是化纤的仿马海毛。

4. 真丝

真丝也是蛋白质纤维，分家蚕丝和野蚕丝两种。野蚕丝包括柞蚕丝和蓖麻蚕丝。家蚕丝细腻、洁白、柔软，而野蚕丝则比较粗犷。

真丝纤维里面含有丝胶和丝素，丝胶是硬蛋白质，在整个纤维中占25%，所以真丝织物织好后一般都要脱胶。缫丝时，浸泡的目的是使丝软化。

熟丝，一般是指生丝脱去25%的丝胶后的真丝，其手感、光泽、柔软度和滑爽度都比较好。

鉴别方法：真丝和羊毛可以直接从外观上区分出来。

2. 组织结构的合理性

纺织品组织结构主要包括织物组织、重量和厚度、紧度和密度、幅宽和匹长等。纺织品的组织结构影响着织物的外观和服用性能，如纺织品的厚度、紧度等可影响其透气性、保暖性、柔软性等。

3. 良好的力学性能

纺织品的力学性能应包括纤维的强度、伸长率、弹性、耐磨性、弹性模量等。主要是指各种强度指标，它是衡量纺织品耐用性能的重要指标，另外，对织物的尺寸稳定性和手感及成品风格也有影响。

4. **良好的服用性**

服用性主要是要求织品在穿用过程中舒适、美观、大方。要求其缩水率、刚挺性、悬垂性符合规定标准，具有良好的吸湿性、透气性，不起毛起球，花型、色泽、线条图案应大方富有特色等。

5. **工艺性**

工艺性指纺织品面料必须方便裁剪缝制，易于洗涤、熨烫、定型，染色牢固等。

第2节 商品鉴别

商品鉴别是指根据商品标准规定的各项指标，运用一定的检验方法和技术，综合评定商品质量优劣，确定商品品级的活动，因此，又称为商品质量检验。

商品检验对生产企业、商品流通部门、质量监督部门以及消费者，都是一项重要工作。商品检验是保证商品质量，提高商业经营管理水平的一项重要内容。生产企业通过对生产各环节的产品质量检验来保证产品质量，促进产品质量不断提高；商品流通部门在流通各环节进行商品检验，及时防止假冒伪劣商品进入流通领域，以减少经济损失，维护消费者利益；质量监督部门通过商品检验，实施商品质量监督，向社会传递准确的商品质量信息，促进我国市场经济的健康发展。

一、商品检验的依据

商品检验是一项科学性、技术性、规范性较强的复杂工作，为使检验结果更具有公正性和权威性，必须根据具有法律效力的质量法规、技术标准及购销合同等开展商品检验工作。

1. **商品质量法规**

国家有关商品质量的法律、法令、条例、规定、制度等，规定了国家对商品质量的要求，体现了人民的意志，保障了国家和人民的合法权益，具有足够的权威性、法制性和科学性。商品质量法规是国家组织、管理、监督和指导商品生产和商品流通，调整经济关系的准绳，是各部门共同行动的准则，也是商品检验活动的重要依据。商品质量法规包括商品检验管理法规、产品质量责任制法规、计量管理法规、生产许可证及产品质量认证管理法规等。

2. **技术标准**

技术标准是指规定和衡量标准化对象的技术特征的标准。它对产品的结构、规格、质量要求、实验检验方法、验收规则、计算方法等均作了统一规定，是生产、检验、验收、使用、洽谈贸易的技术规范，也是商品检验的主要依据。它对保证检验结果的科学性和准确性具有重要意义。

3. **购销合同**

供需双方约定的质量要求，必须共同遵守。一旦发生质量纠纷，购销合同的质量要求即为仲裁、检验的法律依据。但是，购销合同必须符合《合同法》的要求。

二、商品检验的内容

1. **包装检验**

包装检验是根据购销合同、国家标准和其他有关规定，对进出口商品或内销商品的外包装和内包装以及包装标志进行检验。

包装检验首先核对外包装上的商品包装标志（标记、号码等）是否与有关标准的规定或贸易合同相符。对进口商品主要检验外包装是否完好无损，包装材料、包装方式和衬垫物等是否符合合同规定的要求。对外包装破损的商品，要另外进行验残，查明货损责任方以及货损程度。对发生残损的商品要检查其是否由于包装不良所引起。对出口商品的包装检验，除包装材料和包装方法必须符合外贸合同、国家标准规定外，还应检验商品内外包装是否牢固、完整、干燥、清洁，是否适于长途运输和满足保护商品质量、数量的要求。

商品检验机构对进出口商品的包装检验，采用一般抽样或在当场检验方式，或与衡器计重结合进行。

2. **品质检验**

品质检验亦称质量检验，是运用各种检验手段，包括感官检验、化学检验、仪器分析、物理测试、微生物学检验等，对商品的品质、规格、等级等进行检验，确定其是否符合贸易合同（包括成交样品）、国家标准等规定。

品质检验的范围很广，大体上包括外观质量检验与内在质量检验两个方面：外观质量检验主要是对商品的外形、结构、花样、色泽、气味、触感、疵点、表面加工质量、表面缺陷等的检验；内在质量检验一般指有效成分的种类含量、有害物质的限量、商品的化学成分、物理性能、力学性能、工艺质量、使用效果等的检验。

同一种商品根据不同的外形、尺寸、大小、造型、式样、定量、密度、包装类型等而有各种不同的规格。

3. 卫生检验

卫生检验主要是检验进出口食品是否符合人类食用卫生条件，以保障人体健康和维护国家信誉。进口的食品，食品添加剂，食品容器、包装材料和食品用工具及设备，必须符合国家卫生标准和卫生管理办法的规定。

进口前述所列产品，由口岸进口食品卫生监督检验机构进行卫生监督、检验。检验合格的，方准进口。海关凭检验合格证书放行。

进口单位在申报检验时，应当提供输出国（地区）所使用的农药、添加剂、熏蒸剂等有关资料和检验报告。

进口前述所列产品，依照国家卫生标准进行检验，尚无国家卫生标准的，进口单位必须提供输出国（地区）的卫生部门或者组织出具的卫生评价资料，经口岸进口食品卫生监督检验机构审查检验并报国务院卫生行政部门批准。

4. 安全性能检验

安全性能检验是根据国家规定和外贸合同、国家标准以及进口国的法令要求，对进出口商品有关安全性能方面的项目进行的检验，如易燃、易爆、易触电、易受毒害、易受伤害等，以保证生产使用和生命财产的安全。目前，除进出口船舶及主要船用设备材料和锅炉及压力容器的安全监督检验，根据国家规定分别由船舶检验机构和质检部门特种设备安全监察机构负责监督检查外，其他进出口商品涉及安全性能方面的项目，由商检机构根据外贸合同规定和国内外的有关规定和要求进行检验，以维护人身安全和确保经济财产免遭侵害。

5. 数量和重量检验

商品的数量和重量是贸易双方成交商品的基本计量计价单位，是结算的依据，直接关系到双方的经济利益，也是贸易中最敏感而且容易引起争议的因素之一。商品的数量和重量检验包括商品的个数、件数、长度、面积、体积、容积、重量等。

三、常用的鉴别方法

1. 感官鉴别

感官鉴别也叫感官检验，是根据人的感觉器官对商品的各种质量特征的“感觉”，如味觉、嗅觉、视觉、听觉等，用语言、文字、符号或数据进行记录，再运用概率统计原理进行统计分析，从而得出结论，对食品的色、香、味、形、质地、口感等各项指标作出评价的方法。例如，对食品的感官鉴别可以对食品的以下方面作出判断。

（1）对食品的性状作出判断。因感官检验不仅能直接对食品的感官性状作出判断，而且可察觉异常现象的有无，并据此提出必要的理化检验和微生物检验项目，便于食品质量的检测和控制。

（2）对食品的质量特性作出判断。不受人的感觉影响，只根据产品的物理、化学状态而区分的特性是产品固有的，例如产品大小、重量、颜色等。

（3）对受众的感觉、嗜好所影响的特性作出判断，如食品的味道、包装装潢等。

感官鉴别快速、经济、简便易行，不需要专用仪器、设备和场所，不损坏商品，成本较低，因而使用较广泛。但是，感官鉴别一般不能检验商品的内在质量；检验的结果常受检验人员技术水平、工作经验以及客观环境等因素的影响，而带有主观性和片面性。

2. 工具鉴别

工具鉴别也叫理化检验，是借助于各种仪器设备或化学试剂来测定和分析商品质量的方法。理化检验往往在实验室或专门场所进行，故也称实验室检验。

理化检验法主要用于检验商品的成分、结构、物理性质、化学性质、安全性、卫生性以及对环境的污染和破坏等。

理化检验法既可对商品进行定性分析，又可进行定量分析，而且其结果比感官检验法精确而客观，它不受检验人员主观意志的影响，结果可用具体数值表示，能深入分析商品的内在质量。但是，理化检验法需要一定的仪器设备和实验场所，成本较高；检验时，往往需要破坏一定数量的商品，费用较大；检验时间较长；需要专门的技术人员进行；对于某些商品的某些感官指标，如色、香、味的检验还是无能为力的。因此，理化检验法在商业企业直接采用较少，多作为感官检验的补充检验，或委托专门的检验机构进行理化检验。

理化检验法根据其检验的原理不同，可分为物理检验法、化学检验法、生物学检验法三大类。其中，物理检验法又分为一般物理检验法、力学检验法、电学检验法、光学检验法和热学检验法等，化学检验法又分为化学分析法、仪器分析法等，生物学检验法又可分为微生物学检验法和生理学检验法。

第3节 商品标志

一、食品标签的国家标准

1. 食品标签强制标示内容

(1) 食品名称

应在食品标签的醒目位置，清晰地标示反映食品真实属性的专用名称。

(2) 配料清单

预包装食品的标签上应标示配料清单，单一配料的食品除外。

(3) 配料的定量标示

如果在食品标签或食品说明书上特别强调添加了某种或数种有价值、有特性的配料，应标示所强调配料的添加量。

(4) 净含量和沥干物（固形物）含量

净含量的标示应由净含量、数字和法定计量单位组成，如“净含量 450 g”。

(5) 制造者、经销者的名称和地址

应标示食品的制造、包装或经销单位经依法登记注册的名称和地址。

(6) 日期标示和储藏说明

应清晰地标示预包装食品的生产日期（或包装日期）和保质期，也可以附加标示保存期。如日期标示采用“见包装物某部位”的方式，应标示所在包装物的具体部位。

(7) 产品标准号

国内生产并在国内销售的预包装食品（不包括进口预包装食品）应标示企业执行的国家标准、行业标准、地方标准或经备案的企业标准的代号和顺序号。

(8) 质量（品质）等级

执行的产品标准已明确规定质量（品质）等级的食品，应标示质量（品质）等级。

(9) 其他强制标示内容

1) 辐照食品。经电离辐射线或电离能量处理过的食品，应在食品名称附近标明“辐照食品”。经电离辐射线或电离能量处理过的任何配料，应在配料清单中标明。

2）转基因食品。转基因食品的标示应符合国务院行政管理部门的规定。

2. 食品标签强制标示内容的免除

（1）下列预包装食品可以免除标示保质期：乙醇含量10%或10%以上的饮料酒、食醋、食用盐、固态食糖类。

（2）当包装物或包装容器的最大表面积小于10 cm^2 时，可以只标示产品名称、净含量、制造者（或经销商）的名称和地址。进口预包装食品应标示原产国的国名或地区区名（指中国香港特区、澳门特区、台湾地区），以及在中国内地依法登记注册的代理商、进口商或经销商的名称和地址；免除制造者的名称和地址。

3. 食品标签非强制标示内容

（1）批号

如有必要，可以标示产品的批号。

（2）食用方法

如有必要，可以标示容器的开启方法、食用方法、每日（每餐）食用量、烹调方法、复水再制方法等对消费者有帮助的说明。

（3）能量和营养素

如标示能量值、营养素含量，营养素含量水平、营养素含量比较、营养素作用，应符合《预包装特殊膳食用食品标签通则》（GB 13432—2004）的规定。

二、家用电器标签的国家标准

根据《消费品使用说明　第2部分：家用和类似用途电器》（GB 5296.2—2008），家用电器在产品、销售包装和使用说明书上的标志规定如下文。

1. 产品上标注的内容

（1）产品名称

产品应标注名称，且名称应体现产品的真实性，并符合有关国家、行业标准和企业标准。例如，电冰箱（错）——冷藏箱、冷冻箱、冷藏冷冻箱（正确），雅乐炉、盘香炉（错）——烹饪器具、电灶（正确）。

（2）产品型号

产品型号应与产品相一致。不同型号、不同规格的产品如用同一本使用说明书时，不同之处应分开表述。

（3）图形符号（推荐性要求）

产品上的各种操作和调节图形符号的标注应符合《电气设备用图形符号　第2

部分：图形符号》（GB/T 5465.2）和《设备用图形符号 第1部分：通用符号》（GB/T 16273.1），以及其他有关标准的规定，便于使用者识别理解，避免引起混淆和误导。

（4）安全警示

对于因产品使用不当，容易造成产品本身损坏或者可能危及人身和财产安全时，应有安全警示。例如，在冷热饮水机的热水出口处标示的“小心烫伤”警示标志。具体的标志类型、颜色和字样大小等参见《消费品使用说明 第2部分：家用和类似用途电器》（GB 5296.2—2008）。

（5）制造商的名称

产品上应标明产品制造商依法登记注册的名称。对于进口产品，则应标出原产国或地区。

（6）生产日期

产品上应标明产品的生产日期或生产批号，以便向消费者明确提供产品的生产日期距消费者实际开箱使用时的时间间隔。有产品安全使用期的产品，应注明。

2. 产品销售包装上标注的内容

（1）产品名称

产品销售包装上应标注产品名称且与产品上标注的一致。

（2）产品型号

产品销售包装上应标注产品型号且与产品上标注的一致。

（3）色别指示（推荐性要求）

可以通过文字、颜色和预留孔等来显示产品的色别。

（4）包装外形尺寸、产品毛重

洗衣机、空调器、电冰箱等大型家用电器的包装上应注明包装箱的外形尺寸和产品的毛重，以备在储存和运输时核定承重能力和堆放高度等。

（5）储运标示

在对货品进行储存和运输时，如果有特殊要求，则应按照《包装储运图示标志》（GB/T 191—2008）的规定标注储运标志。

（6）包装开启指示

对于对包装开启有特殊要求的产品，可以通过文字、图示（如箭头）等标注包装开启指示。

（7）制造商的名称和地址

国内生产并在国内销售的产品上应标明产品制造商依法登记注册的名称和地

址。对于进口产品，则应标出原产国或地区以及代理商或进口商或销售商在中国依法登记注册的名称和地址。

(8) 生产许可证标记和编号（实行生产许可证管理的产品）

对于实行生产许可证管理的产品，应在包装上标注有效的生产许可证编号。

(9) 产品标准编号

国内生产并在国内销售的产品，在产品销售包装上应明示产品所执行的国家标准、行业标准和企业标准的编号。应注意正确标注标准版本和标准年份。

3. 使用说明书上标注的内容

(1) 产品名称

使用说明书上应标注产品名称。

(2) 产品型号

产品标注的型号、规格应与产品相一致。

(3) 产品性能特点

使用说明书上应概述产品的结构、尺寸、用途、功能、使用性能、安全性能和主要技术指标，必要时给出电路图。

(4) 产品部件介绍

使用说明书应对与使用有关的主要部件或功能单元结构进行必要的介绍。如果多次重复出现某一部件或功能单元，则其名称应前后一致。可采用图解和文字说明的方式。

(5) 使用方法

使用说明书应按正确的操作程序和步骤，详细描述使用方法。对于文字表述难以理解之处，可以在对应的文字旁配图解，以避免误操作。

(6) 注意事项

使用说明书中标注注意事项的目的就是提醒和警示用户。为了便于用户理解，可以按照相应的规定配图解。但涉及安全问题时，其警示内容应符合规定。

(7) 保养和维护

为了保证产品在其寿命期内能安全地实现其预定功能，使用说明书中应提供产品的日常保养和维护知识。对于使用过程中可能出现的常见故障和问题，应给出相应的判断、检查和修理步骤和结果。对于在用户现场难以由用户或维护人员实施的工作，应提供有关产品售后服务的事项。

(8) 安放和安装

对于有安放和安装要求的产品，例如空调器、热水器和冷藏冷冻箱等，应提供安放和安装的详细说明（如环境、位置、接地和专业人员等）。产品有国家相关强制性安装标准的，例如《电热水器安装规范》（GB 20429—2006），应符合相关要求。

（9）制造商的名称和地址

国内生产并在国内销售的产品上应标明产品制造商依法登记注册的名称和地址。对于进口产品，则应标出原产国或地区以及代理商、进口商或销售商在中国依法登记注册的名称和地址。

（10）执行标准编号

国内生产并在国内销售的产品，在产品销售包装上应明示产品所执行的国家标准、行业标准和企业标准的编号。应注意正确标注标准版本和标准年份。

（11）生产许可证和编号

对于实行生产许可证管理的产品，应在使用说明书上标注有效的生产许可证编号。生产许可证编号应与使用说明书上标注的编号一致。

（12）其他要求

中文使用说明书的封面或首页上，宜标注如“使用产品前请仔细阅读本使用说明书，并请妥善保管”等字样。

三、服装标签的国家标准

纺织品、服装使用说明书上主要标注以下八项内容。

1. 制造者的名称和地址

（1）厂名厂址应是在工商部门注册的。

（2）制造单位应具备独立法人资格，能承担法律责任。

（3）进口产品可只标注产地，但还须标注代理商（经销商）在国内注册的名称和地址。

2. 产品名称

（1）国家标准、行业标准对产品名称有规定的，应采用国家标准、行业标准规定的名称。如男（女）西服、男（女）大衣、男（女）西裤、男（女）衬衫、棉针织内衣、睡衣、夹克衫、男（女）棉服装、连衣裙、裙装（包括长裙、短裙）。

（2）国家标准、行业标准对产品名称没有规定的，应使用不会引起消费者误解和混淆的常用名称或俗名，如休闲裤。

（3）如标注“奇特名称”“商标名称”时，应在同一部位标注正常名称。如水鸟被（涤纶棉）。

3. 产品号型和规格

号：指人体的身高，以厘米为单位表示，是设计和选购服装长短的依据。

型：指人体的上体胸围和下体腰围，以厘米为单位，是设计和选购服装肥瘦的依据。

体形：以人体的胸围与腰围的差数为依据来划分体形，并将体形分为四类，代号分别为Y、A、B、C（童装无体形代号）。男子类：Y表示差数为17～22 cm，A表示差数为12～16 cm，B表示差数为7～11 cm，C表示差数为2～6 cm。女子类：Y表示差数为19～24 cm，A表示差数为14～18 cm，B表示差数为9～13 cm，C表示差数为4～8 cm。

号型系列以各体形中间体为中心，向两边依次递增或递减组成，身高以5 cm分档，胸围以4 cm分档，腰围以4 cm、2 cm分档组成系列。

号型表示方法：号与型之间用斜线分开，后接体形分类代号。上、下装分别标明号型。如男子中间（标准）体形为上装170/88A，下装170/74A；女子中间（标准）体形为上装160/84A，下装160/68A。

考虑到一些消费者的消费习惯，目前仍允许同时标注新旧号型，但新号型宜在前，如170/88A（M）。

4. 采用原料的成分和含量

（1）每件产品应标明纤维的名称及其含量，套装须分开标明

带有里料的产品应分别标明面料和里料的纤维名称及其含量。

含有填充物的产品应分别标明外套和填充物的纤维名称及其含量（文胸可只标注侧翼及里料成分），羽绒填充物应标明含绒量和充绒量。

由两种及两种以上不同织物拼缀的产品应分别标明每种织物的纤维名称及其含量，在产品中仅起装饰作用的附加部分可以不标。

（2）纤维含量以成品中某种纤维含量占纤维总量的百分数表示

纯纺产品：纤维含量为100％的产品。如纯羊绒95％及以上可标为100％羊绒。

混纺或交织产品：

羊绒含量为15％以上的产品，精纺允许偏差－3，粗纺为－4。

羊绒含量为15％以下的产品，羊绒含量允许偏差－2，但羊绒含量最低不得低于5％（羊绒大衣的含羊绒基准）。

（3）纤维顺序可按以下排列

1）按纤维含量递减的顺序。

2）按先天然后化学的顺序。

3）天然纤维混纺产品按绒、毛、丝、麻、棉的顺序。

4）化学纤维混纺产品按涤、棉、腈、粘、氨、丙、铜、醋的顺序。

(4) 纤维名称应符合有关国家标准的规定

丝：桑蚕丝、柞蚕丝。

毛：羊毛、山羊绒、马海毛、羊驼绒、羊驼毛、骆驼绒、骆驼毛、兔毛、安哥拉兔毛、牦牛绒、牦牛毛、马毛。

棉：棉、木棉。

麻：苎麻、亚麻。

5. 洗涤方法

(1) 符号应依次按水洗、氯漂、熨烫、干洗、水洗后干燥的顺序排列

水洗：可水洗（包括手洗、机洗）、手洗（不可机洗）、不可水洗（只可干洗）、不可拧干。

氯漂：可氯漂、不可氯漂。

熨烫：高温烫（200℃）、中温烫（150℃）、低温烫（110℃）、垫布烫、蒸汽熨烫、不可熨烫。

干洗：可干洗、不可干洗（与水洗可同时使用）。

(2) 注意熨烫方式的选择

建议：麻、棉用高温或垫布熨烫，羊毛、桑蚕丝、柞蚕丝、粘纤、涤纶用中温或垫布熨烫，锦纶、维纶、腈纶、丙纶、氯纶用低温或垫布熨烫，氨纶用蒸汽熨烫。

6. 产品质量等级

服装分为优等品、一等品、合格品。

7. 产品质量检验合格证

国内生产的合格产品，每单件产品（销售单元）应有产品出厂质量检验合格证明（合格章）。

8. 标志的形式

(1) 号型或规格、纤维成分和含量、洗涤方法等内容使用耐久性标签（一直附着在产品本身上，并能承受该产品使用说明中规定的使用过程，保持字迹清楚易读的标签），其中成分和含量、洗涤方法宜组合标注在一张标签上。

(2) 如果产品被袋装（内衣类较多）、陈列或卷折，消费者不易发现产品本身上使用说明标注的信息，则还应附加其他形式的标志，当几种形式的标志同时出现

时，应保证其内容的一致性。

（3）号型/规格标签一般可缝在后衣领居中，大衣、西装等可缝在门襟里袋上沿或下沿，裤、裙可缝在腰头；原料成分和含量、洗涤方法标签可缝在衣衫类的左摆缝中下部，裤、裙类的腰头或左边侧缝上部。

（4）标志所用文字为国家规定的规范汉字。可同时使用拼音、外文或少数民族文字，但字体不能大于相应的汉字。

四、化妆品标签的国家标准

根据《化妆品标签标识管理规定》的要求，化妆品标签应符合以下要求。

1. 化妆品标签标志内容必须真实、科学、完整

化妆品企业应按照《消费品使用说明　化妆品通用标签》（GB 5296.3—2008）的要求完整标注有关内容，并对标签内容的真实性、科学性和完整性负责。

2. 化妆品标签应明确、完整地标志相关许可证号和批准文号

如进口特殊用途化妆品应标明“卫妆进字（××××）第××××号”或“卫妆特进字（××××）第××××号”，进口非特殊用途化妆品应标明“卫妆进字（××××）第××××号”或“卫妆备进字（××××）第××××号”，国产特殊用途化妆品应标明“卫妆特字（××××）第××××号”和化妆品生产企业卫生许可证号（如“〈××〉卫妆准字××-XK-××××号”），国产非特殊用途化妆品应标明化妆品生产企业卫生许可证号（如“〈××〉卫妆准字××-XK-××××号”）。

3. 化妆品标签标志的内容要规范

例如产品名称、生产企业名称、在华责任单位（进口商或销售商）名称及地址、原产国（实际生产国）、国内实际生产地、颜色、色号、香型、防晒系数、功能等信息应与产品获得的相应卫生许可批件、备案凭证，以及生产企业卫生许可证所载明的相关内容一致，并与批准时一致。

4. 化妆品名称的标注要求

（1）化妆品名称应符合《健康相关产品命名规定》的要求，名称原则上应包括商标名（或品牌名）、通用名和属性名。

（2）名称标注要清晰、完整、易于辨认，不能使用易产生混淆、误导消费者或者其他不良影响的标注方式。标签中至少应有一处完整标注名称，即除商标外，名称中的文字或符号均应使用相同字体和字号，不得有间隙。

5. 关于防晒化妆品防晒功能的标志

（1）凡宣称具有防晒功能的化妆品，标签中必须标志SPF值；可以标志UVA防护功能、广谱防晒功能、PFA值或PA+～PA+++（防晒功能指数）、防水、防汗功能或适合游泳等户外活动。所有标志的防晒功能均必须提供有效的检验依据。

（2）防晒化妆品SPF值标志应符合以下规定：

当所测产品的SPF值小于2时，不得标志防晒效果。

当所测产品的SPF值为2～30（包括2和30）时，则标志值不得高于实测值。

当所测产品的SPF值大于30，减去标准差后小于或等于30时，最大只能标志SPF30。

当所测产品的SPF值大于30，且减去标准差后仍大于30时，最大只能标志SPF30+。

（3）防晒化妆品PFA值标志应符合以下规定：

当所测产品的PFA实测值的整数部分小于2时，不得标志UVA防晒效果。

当所测产品的PFA实测值的整数部分为2～3（包括2和3）时，可标志PA+或PFA实测值的整数部分。

当所测产品的PFA实测值的整数部分为4～7（包括4和7）时，可标志PA++或PFA实测值的整数部分。

当所测产品的PFA实测值的整数部分大于或等于8时，可标志PA+++或PFA实测值的整数部分。

（4）防晒化妆品在标志防水性能时，应标志出洗浴后的SPF值，也可同时标志出洗浴前后的SPF值，并严格按照防水性测试结果标志防水程度：

洗浴后的SPF值比洗浴前的SPF值减少超过50%的，不得宣称防水性能。

通过40 min抗水性测试的，可宣称一般抗水性能（如具有防水、防汗功能，适合游泳等户外活动等），所宣称抗水时间不得超过40 min。

通过80 min抗水性测试的，可宣称具有优越抗水性，所宣称抗水时间不超过80 min。

（5）化妆品标签中若标注“经皮肤科医师或眼科医师测试”“经过敏性测试”“适合敏感性肌肤”“不引起粉刺”等相关用语，必须有相应检验数据或临床报告作为依据。

6. 关于化妆品委托加工（包括分装）产品有关信息的标志

（1）委托生产加工的，必须标注委托方名称、地址，以及被委托方的名称和卫生许可证号。

（2）不属于委托生产加工的，但产品所有方与实际生产加工企业不同时，如产品所有方为总公司，实际生产加工企业为其下属某个企业，参照上述规定标示。

7. 关于警示语的标志

（1）化妆品标签上应标注必要的警示信息，如使用条件、使用方法、注意事项、可能的不良反应等。鼓励化妆品标签上标志“本品对少数人体有过敏反应，如有不适，请立即停用”内容。

（2）化妆品标签上标注的使用范围和使用方法等应符合其所含原料的安全性要求。例如，某些原料仅限用于用后冲洗掉的产品或使用中不能接触黏膜，则含有这些原料化妆品的标签标志内容应符合这些使用限制。

（3）化妆品如含有现行《化妆品卫生规范》中规定的限用物质、限用防腐剂、限用紫外线吸收剂、限用染发剂等，应按照《化妆品卫生规范》要求在标签上标注相应的使用条件和注意事项。

（4）育发类、染发类、烫发类、除臭类、脱毛类产品及指甲硬化剂标签上必须标注使用条件、使用方法和注意事项。染发类化妆品（暂时性染发产品除外）必须在标签上标注以下警示语：“对某些个体可能引起过敏反应，应按说明书预先进行皮肤测试”；“不可用于染眉毛和眼睫毛，如果不慎入眼，应立即冲洗”；“专业使用时，应戴合适手套”等相关用语。

（5）育发、美乳和健美类产品须在标签上标注：本产品功效未经卫生部检验机构验证。

（6）下列类型的化妆品应在标签上标注相应警示语：

压力灌装气雾剂产品：产品不得撞击；应远离火源使用；产品存放环境应干燥、通风，温度在50℃以下，应避免阳光直晒，远离火源、热源；产品应放在儿童接触不到之处；产品用完的空罐勿刺穿及投入火中；喷雾时与皮肤保持距离，避开口、鼻、眼，勿在皮肤破损、发炎或瘙痒时使用。

泡沫浴产品：按说明使用，超量使用或长时间接触可引起对皮肤和尿道的刺激，出现皮疹、红或痒时停止使用，放在儿童接触不到的地方。

8. 化妆品所宣传的功能必须真实、有科学依据

化妆品所宣传的功能必须符合化妆品定义规定的功能范畴，即清洁、消除不良

气味、护肤、美容、修饰功能及特殊用途功能。不得通过宣传所用原料的功能来暗示产品实际不具有或不允许宣传的功能。普通化妆品不得宣传特殊用途化妆品功能。

9. 符合《化妆品卫生监督条例》等法规和标准的有关规定

化妆品标签标志内容应当真实，不得有虚假夸大、明示或暗示对疾病的治疗作用和效果的内容，不得使用医疗术语，不得对消费者产生误导，不得以“经卫生部（门）批准”或“卫生部（门）特批”等名义为产品作宣传，不得把化妆品批件或化妆品检验机构的检验报告作为标签内容。

五、其他常见的几种标志

1. 商标或注册商标

商标是能够将一个企业的产品与其他企业的产品区别开来的、具有显著特征的标记。通常由文字、记号、图形组成。商标经办理注册手续，并经商标管理部门准予注册登记后，即为注册商标。注册商标应在商标旁标注Ⓡ或注册字样。经过长期使用，被公众普遍知晓并享有社会信誉的商标称为“驰名商标”，如李宁商标（见图 3—1）。

图 3—1　李宁商标图

2. 条形码标志

EAN 条形码是国际物品条码的简称，为国际通用的商品条码，由国际物品编码协会制定，主要用于超级市场或自动销售系统的单件商品上。凡进入国际市场的商品，其包装上必须印有该条码。我国规定从 1997 年 1 月 1 日起超级市场销售的商品必须印有此条码。

EAN 码的构成。由代表 12 位数字的产品代码和 1 位校验码组成。产品代码的前 3 位数字为国别码，中间 4 位数字为制造商号，后 5 位数字为产品代码。

EAN 码的国别码由 EAN 总部分配管理。我国的国别代码为 690、691、692。制造商号代码由 EAN 在各国的分支机构分配管理。

在商品销售包装上的 EAN 条形码有标准型 EAN－13 条码（见图 3—2）和缩短型 EAN－8 条码（见图 3—3）两种。

（1）标准型 EAN－13 条码结构

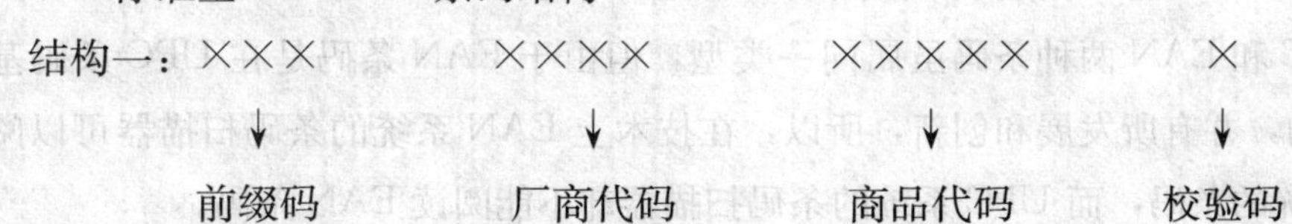

图 3—2　标准型 EAN-13 条码　　图 3—3　缩短型 EAN-8 条码

前缀码用于识别商品来源的国家和地区。目前，分配给我国的前缀码是 690、691、692；当前缀码为 690、691 时，其代码结构同结构一；当前缀码为 692 时，其代码结构同结构二。

（2）缩短型 EAN-8 条码结构

计算时，需在缩短版商品条码代码前加 5 个“0”，然后按标准版商品条码校验码的计算方法计算。国际物品编码协会规定：只有当 EAN 标准型条码所占面积超过印刷面积的 25%时，才可使用缩短型条码。我国进一步规定：只有当包装面积表面或标签可印刷面积小于 40 cm^2 时方可申请使用缩短型条码。由于国际上存在着两种编码系统，因此，我国产品销往美国、加拿大应使用 UPC 条码，而出口到其他国家和地区则需使用 EAN 码。

UPC 条码是通用产品条码的简称，是美国统一代码委员会于 1973 制定的一种商品条码，广泛应用于美国和加拿大商品流通领域。各国出口到美国和加拿大等北美国家的商品，包装上须印有 UPC 条码。

UPC-A 码有 12 位数字，由 11 位数字的通用产品代码和 1 位校验码组成。产品代码的第 1 位数字为编码系统字符，中间 5 位数字表示制造商号，后 5 位数字为产品代码，如图 3—4 所示。

UPC-E 码有 8 位数字，如图 3—5 所示。

UPC 和 EAN 两种条码虽属同一类型，但由于 EAN 条码是在 UPC 条码基础上形成的，并有所发展和创新，所以，在技术上 EAN 系统的条码扫描器可以阅读 UPC 系统的条码，而 UPC 系统的条码扫描器却不能阅读 EAN 条码。

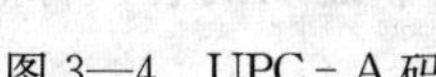
图 3—4　UPC - A 码

图 3—5　UPC - E 码

3. **产品质量认证标志**

产品质量认证标志是第三方认证机构对产品和服务符合特定标准或技术规范的要求，用标志所给予的保证。

（1）绿色食品标志

绿色食品标志（见图 3—6）是中国绿色食品发展中心在国家工商行政管理总局正式注册的质量证明商标。

（2）环境标志

环境标志（见图 3—7）是中国环境标志产品认证委员会对产品进行认证的标志。它表明产品在生产和使用以及处置的全过程中，符合特定的环境保护要求，或对环境的危害较小。

图 3—6　绿色食品标志

图 3—7　环境标志

（3）防伪标志

防伪标志是采用特殊材料和技术制成的能证明产品的真实身份且不易被他人仿造的标志。

（4）真皮标志

真皮标志是中国皮革工业协会在国家工商行政管理总局注册的证明商标，是国家对中高档优质皮革制品的认证。凡佩挂真皮标志的皮衣、皮鞋及皮件产品应符合以下三个条件：天然皮革制作；做工精细，是中高档产品；具有良好的售后服务。所以真皮标志是真皮优质的保证。

真皮标志挂牌为纸质标牌，标牌正面在白色底面上印有天蓝色特制防伪版纹，标牌上方为真皮标志商标图案，中间印有红色“真皮标志”中英文字样。标牌反面为白色底面，上方复合一枚全息防伪商标，标牌中间是“天然皮革、优质精品、良好服务”字样，它概括了真皮标志证明商标的三个证明内容，标牌下方有浅红色编号。

第4章 商业服务基本知识

第1节 售货基本知识

一、顾客购买过程的心理活动

顾客的购买过程是指顾客从产生某种购买欲望到最终完成购买行为的全部过程。在这个过程中，顾客的心理活动是逐渐展开的，其表现又是多样的。在消费的过程中，虽然顾客的购买动机不同，购买商品的种类、数量不同，所耗费的时间和精力不同，但顾客在购买过程中的心理状态一般都表现为注意、兴趣、联想、欲望、比较和判断、信任、行动、满意八个发展阶段。

1. 注意

注意是心理活动对一定事物的指向和集中。如顾客经过商店门口，被商店橱窗中陈列的商品所吸引，然后进入店里面。注意的产生有客观原因和主观原因。客观原因是刺激物的特点，如商场中鲜明突出的广告和装饰，新颖的商品包装，变化多端的商品展示等，这些都会引起顾客的注意。主观原因是人对当前事物的态度、心境、兴趣、需要、经验等。如一般顾客的有意注意集中在物美价廉的商品上，高档豪华的商品不会成为他们的注意中心，不想买的商品就不容易引起人的注意。

注意不是一种独立的心理过程，它是心理活动进行过程中的一种状态，是各种心理活动必不可少的一种特性。顾客进入商场之后，总要有一个对商品和购物环境等的观察、感知、思考、记忆等的认知过程。在这些过程中，都有一个注意或不注意的问题，即顾客是聚精会神地对欲购商品进行观察、聆听、分析、比较、认识，还是漫不经心地浏览商品，闲逛，这就是注意状态不同的体现。

在购买活动中，注意是顾客认识商品、选择商品的基础和条件，是顾客购买活动的特性。没有注意，顾客就不能使自己指向和集中于商店、商品，就不能完成购买活动。只有充分调动顾客的注意才能激发顾客的购买动机，实现商品销售。

2. 兴趣

兴趣是人们力求认识某种事物或爱好某种活动的倾向。在购买活动中，注意和兴趣是两种密切相关的心理活动。顾客在注意某种商品的时候，会同时引发其他心理活动，如想象、比较、分析、判断等，并对某种商品做出如颜色、式样、味道、价格等方面的反馈，这就是引起了顾客的兴趣。这种兴趣进一步推动顾客积极地去了解该商品的有关知识，认识该商品的功能、使用价值及对自己、对社会的意义等。在了解的过程中，顾客若认为该商品的功能、价值能适合或满足自己在物质或精神方面的需要，这种兴趣就会进一步强化，并引起顾客愉快的情绪体验，情绪体验的深化，则推动着顾客购买行为的发展。

3. 联想

联想是由一事物想到另一事物的心理活动过程。包括由当前感知的事物想起另一有关事物，还包括由已经想起的一事物而想起另一事物。在购买活动中，联想是在顾客对某种商品发生了兴趣并有了一定的认识之后，对该商品进一步关注时发生的心理活动。此时，顾客面对该商品会想到过去所购买的类似商品的使用情况，或者会想到购回这一商品，会引起什么样的后果，如购回电暖气会使家人过一个温暖的冬季。通过联想，顾客往往会突破时空限制，获得更丰富的有关商品的知识，引发更强烈的情绪体验。联想可以看做唤起和强化顾客购买欲望的媒介，营业员应善于运用各种手段激发顾客的联想，促成其购买行为。

4. 欲望

欲望是人想得到某种东西或想达到某种行为目的的要求，即渴望满足而未被满足的需求。在购买过程中，随着顾客联想的深化，顾客购买商品的欲望就会随着其对该商品的认识及个人情绪的变化由潜伏的状态转入活动状态，真正地起着推动顾客购买过程的作用。在这个时候，顾客购买欲望的现实性已十分明显，即想要购买。

5. 比较和判断

比较就是辨别两种或两种以上事物的异同或高低。判断就是运用概念或个体的知识经验对事物的存在或其某些属性进行肯定或否定的判定的思维过程。比较是判断的基础和条件，而判断则是表达比较的结果。面对琳琅满目的商品，当顾客产生购买某种商品的欲望之后，他就会根据自己的观察或营业员的介绍，开始在心里对商品的特征、功能、外观、质量、价格等方面作出比较、权衡，如这件家具的颜色、式样是否与自己家庭的整体装修风格相适应？还有没有比这款更适合的？等等。顾客对商品的鉴别都是通过比较这一过程完成的。通过比较，顾客要对商品的质量、功能、价格等基本属性方面表示自己肯定或否定的倾向性，即作出判断，为最终的购买抉择提供依据。比较和判断是顾客购买决策的前奏，它对促进对商品的信任及购买与否起着决定性的作用。在比较和判断阶段，顾客有可能犹豫不决，拿不定注意，此时就是营业员为顾客提供咨询建议的最佳时机。营业员应适时地提供一些建议给顾客，为其作出购买抉择提供参考。

6. **信任**

信任即相信而敢于托付，它是由人对某一事物的肯定性判断所伴随而来的一种情感体现。在购买过程中，顾客通过多方面的比较，对商品的特性有了较好的把握，确定出自己对某种商品的肯定程度，从而也就选定了自己所要购买的对象。如果顾客认定的选购对象正是自己想买的商品，或认定的选购对象能满足自己的消费欲望，体现出自己的喜好和价值观时，顾客就会对该商品产生信任，即愿意把自己的购买欲望的实现寄托在这种商品及售卖这一商品的商店身上。同时在对商品的比较过程当中，营业员的一举一动、一言一行都会影响顾客对商品的信任度，从而影响顾客购买的欲望。

7. **行动**

行动就是作出最终的选择。顾客确信经过比较、判断后某一商品是自己所必需的，并对这一商品产生信任时，营业员的眼神要给予顾客信任感，顾客就会果断地作出购买的决定，并迅速实施购买行为，对营业员来说就是“成交”。营业员在此阶段应注意把握好顾客的购买时机。

8. **满意**

满意是外在事物满足人的某种需要时所产生和表现出来的一种愉快的情绪体验。满意的程度是和需要得以满足的程度相联系的。在购买过程中，顾客买到了称心如意的商品，满足了他的购买欲望，或是在购买过程中享受到了良好的服务，其就会引起顾客高兴、愉悦的情绪体验，即产生满意感。如果顾客买不到称心如意的商品，购买动机得不到或没有完全得到实现，在选购商品的过程中受到了冷遇刁难，顾客就会产生不愉快的感觉，甚至是不满的、愤怒的情绪体验。满意虽然是顾客在结束购买活动之后才表现出来的情绪体验，但它却是商店服务质量的标志，也是顾客购买活动成功的体现。具有满意情绪体验的顾客，大都会成为这一商店或这一品牌的回头客。因此，商店的销售服务，要努力为顾客创造满意的情绪体验，使顾客高兴而来，满意而归。

二、售货的基本流程

营业员在销售商品的过程中，应该分析顾客心理，根据顾客的不同购买动机，采取适当的接待步骤。顾客购买心理活动过程与营业员服务过程的对应关系如图4—1所示。

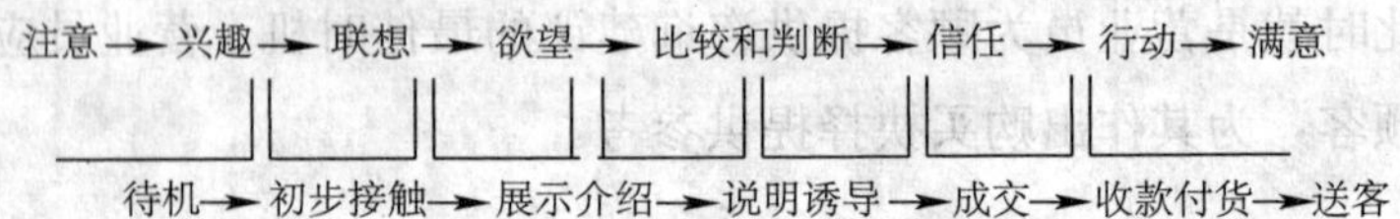

图4—1　顾客购买心理活动过程与营业员服务过程的对应关系

注：图示中上一行是顾客购买心理活动过程，下一行是营业员接待顾客的基本程序。

1. 待机

待机，就是商店已经营业，顾客还没有上门或暂时没有顾客光临之前，营业员边做销售准备，边等待接触顾客的机会。营业员在这一阶段，主要是注意观察顾客，寻找需要帮助的顾客，随时做好迎接顾客的准备。应主要做好如下工作：

（1）做好心理和行为上的准备

心理准备：营业员应当保持一种良好的心态，做好迎候顾客的心理准备。对顾客应当热诚、微笑、心胸宽阔、一视同仁，站在顾客的立场上考虑问题。

行为准备：营业员应努力树立良好的外部形象，做到“四美”：即服饰美，服饰样式大方，穿戴整洁合体，符合职业要求；修饰美，注意自身的仪容仪表，做到健康、美观、大方、典雅；举止美，站立的姿势要自然、端正，形态风度高雅、礼貌、得体；情绪美，要亲切热情，精力充沛，能化不利情绪为有利情绪。

（2）保持正确的站姿、站位

待机状态下，营业员应做到表情自然、面带微笑、目光平视、身体挺拔、精神饱满，站在既能照顾自己工作区内的商品及警视商品安全，又易于观察顾客、接近顾客的位置上，切记不要遮挡顾客的视线或妨碍顾客选购。

（3）注意观察顾客，分析判断顾客需求

顾客进店未必都是前来购买商品的，营业员应善于观察顾客，判断顾客的来意，找准接近的时机。

（4）当暂时没有顾客时，营业员应抓紧时间做好接待的相应准备工作

当暂时没有顾客光临时，营业员应检查展区的商品是否齐全，整理与补充商品，商品不足时及时补货，同时注意清理自己展区的环境卫生，整理商品，认真检查商品质量，并做好其他准备工作，发现问题商品及时撤架。

2. 初步接触

初步接触就是要与顾客打招呼。发现需要帮助的顾客并与之接触是很关键的，要把握好时机。

人们在实践中通过观察顾客的行为特点，总结出七个打招呼的最佳时机，可以大大提高打招呼的成功率：

（1）当顾客注视特定的商品时。

（2）当顾客触摸商品时。

（3）当顾客表现出寻找某商品的状态时。

（4）当顾客停下脚步，驻足观看时。

（5）当与顾客视线相遇时。

（6）当顾客把视线从商品上移开，抬起头来时。

（7）当顾客与同伴评价议论某商品时。

在此还应强调一点的是，招呼可以分为两类：一类是出于礼貌的招呼，如“您好，欢迎光临”；另一类则是为了销售商品的招呼，如：“您需要帮忙吗?”这两类招呼必须区分清楚。打招呼的方式也可以多种多样，可以用语言，也可以用眼神、微笑、点头等。并非都要说出来，只要让顾客感到你已经注意到他，并时刻做好接待顾客的准备就够了。

3. 展示与介绍

展示商品可以通过多种感官刺激，如让顾客试看、试听、试穿、试戴、试尝等，以达到刺激其购买欲望的目的。介绍的内容应包括商品名称、种类、价格、特征、质量、款式、产地、使用方法等。

介绍商品时要非常简明、扼要、清晰易懂，争取一句话就能让顾客知道商品的优点。而且介绍商品一定要循序渐进，要有选择性地介绍商品。介绍商品时可以从以下几方面入手：

（1）展示介绍商品本身的特点。

（2）介绍商品的市场行情。

（3）介绍商品时可以引用例证并举一反三。

（4）介绍商品的使用保修和日常维护方法。

（5）介绍商品的原料、材质、工艺流程以及性能和用途。

（6）介绍与商品有关的历史典故、民间传说与人文趣事。

4. 说明诱导

经过上述环节，顾客虽已对商品有了初步认识，但并不一定立即购买，还要进行比较分析与判断。因此，营业员的进一步说明与诱导能起到消除顾虑激发潜在需求的作用。在进行说明诱导时一般应注意以下几点：

（1）要针对不同顾客的需求作商品说明

顾客的需求有很大的差异，每个人购买选择的侧重点也明显不同，说明应因人而异。

（2）介绍商品要实事求是

介绍商品应当实事求是，不能夸大与欺骗。只有真实、诚恳才能获得顾客的信任。一旦顾客感觉你的介绍与事实不符，便会引起强烈的不满。

（3）要让顾客了解商品的特点

应针对不同类型的商品指出其主要特点，如设计独特，造型美观，结实耐用等。营业员所说的商品特点必须与商品说明书上所写的一致，以免误导顾客。一般来说，介绍商品特点最多不要超过三个，太多了顾客反而记不住。

5. 成交

成交是整个销售过程的关键性环节，虽然经过前面若干环节，顾客已经形成了购买意向，即将大功告成，但如果这一环节处理不当仍然会前功尽弃，所以，成交时机的把握十分重要。实践中常见到由于营业员成交心切，催促顾客购买，导致顾客反而心生疑虑最终放弃购买。因此，只有找准成交时机才能获得成功。一般而言，成交时机主要是通过观察顾客的言行来判断。通常有八个最佳时机可供参考：

（1）当顾客不再继续发问时。

（2）顾客的话题主要集中在某个商品上，或某一方面。

（3）顾客表现出若有所思的神态。

（4）顾客对营业员的回答频频点头，表示赞同。

（5）顾客开始注意价格问题。

（6）顾客反复问同样的问题。

（7）顾客开始询问购买数量的问题。

（8）顾客关心售后服务的问题。

6. 收款付货

向顾客收取货款时一定要认真核对一遍价签，并将价格向顾客报一遍，以确定价格准确无误。从顾客手中接收货款，也一定要唱收唱付，以免钱款出现差错。在找零钱时应把找回的零钱放在顾客的面前，以示对顾客的尊重。

在收完货款后，要认真检查商品，无误后用双手将商品递交给顾客，或帮助顾客装好。还要根据不同购买对象和不同商品，做一些必要的交代，如保管的注意事项，使用时的要求，携带的方法，退、换货的规定等。

7. 送别顾客

送别顾客虽然是交易过程的结束，但也不能草率从事。礼貌告别不仅可以给顾客留下良好的印象，还为下一次的交易做好了铺垫，即所谓的要善始善终。告别的方式除一般用语之外，还应有一些更灵活的方式。比如：

（1）以关切的提醒告别，如对老年人，可以说："您拿好东西，慢点走。"

（2）以真诚的祝福告别，如可以说："祝您节日快乐，全家幸福。"

（3）以热情的指点告别，如："请您向右走，往前 10 米有电梯。"

以上几种告别方式比起简单的"再见，欢迎您再来"等公式化的语言更富有人情味，也更易被人接受，会让顾客感受到你的真诚与热情，从而留下深刻的印象。还要注意别忘记向顾客表示谢意，应感谢顾客的光临。特别是对没能买到合适商品的顾客更要真诚地表示歉意，为没能满足顾客的愿望而致歉。

上述环节，紧密结合顾客购买心理活动过程的发展状态，环环相扣，一气呵成，哪个环节出了问题都会影响最终的交易效果。因此，营业员应按照上述各环节的要求，潜心研究、细心体会每个环节的工作重点及应注意的问题，才能在工作中有的放矢，最大限度地使顾客满意。

第 2 节　接待礼仪

一、营业员的仪容仪表

1. 营业员的仪容规范

（1）营业员要注意个人卫生。头发要勤洗、勤梳理。男员工不要留长发和怪发型，不留胡须。女员工不要留披肩发和怪发型，长发应盘起来。

（2）女员工上班应化淡妆，以自然适度为原则，掌握分寸，切忌过艳。

（3）手部要保持干净。指甲应当经常修剪，一般不宜涂指甲油。

（4）上班时间，不可佩戴手镯和带坠子的耳饰，也不宜戴惹眼的胸饰、领花和戒指等。

（5）上班前不要喝酒，不吃生葱、生蒜等带强烈刺激气味的食物，应保持口腔清洁，口气清新。

2. 营业员的着装规范

（1）营业前要穿好统一的工装，工装应保持整洁，不起皱，无破损，无掉扣、开线等现象。衬衣要穿规定的颜色和式样，并应保持整洁，特别注意领子和袖口要洁净。内衣或其他衣服不得显露在制服外面。

（2）每天应当把皮鞋擦拭干净，不宜穿运动鞋、旅游鞋，不能光脚穿鞋。男员工应穿跟鞋子颜色相协调的袜子，以黑色最为普遍。女员工以穿肉色、黑色丝袜为主，不能穿露脚趾的凉鞋和拖鞋。

（3）上岗时须佩戴好工牌，工牌应端正地佩戴在左胸适当位置，正面向外。工牌是岗位和职责的标志，不得借与他人使用，更不得随意改变和增添其他饰物。

二、营业员的接待礼仪

营业员在每天的售货工作中要接待许许多多各不相同的消费者，要做到尽量使每位消费者都满意，不是一件容易的事，而是需要有针对性地采取不同方式区别对待每位消费者。在千变万化的接待方式中，蕴涵着一些具有共性的、被公认的基本原则：

1. 主动热情原则

主动热情原则指营业员在接待顾客过程中要始终以满腔的热情，愉快的心情，积极、主动、自然、自信的态度去迎接每位顾客，发挥主观能动性，尽自己的最大努力去满足顾客的正当需求。

2. 尊重礼貌原则

尊重礼貌原则指营业员在接待顾客过程中要充分尊重顾客的自尊心，文明经商，礼貌待人，发自内心地微笑服务。

3. 真诚守信原则

真诚守信原则指营业员在接待顾客过程中要以诚相待，真诚对人，无论是介绍商品，还是承诺服务，都要做到真实、可信，一诺值千金，绝不能欺骗顾客。

4. 善意宽容原则

善意宽容原则指营业员在接待顾客过程中要以善意去理解帮助顾客，站在顾客的角度设身处地替顾客着想，特别是当发生矛盾时，原则要坚持，态度要灵活，宽容大度，敢于承认错误，不计较顾客的语气和态度，有时从服务效果出发，还要做到得理让人，善解人意，积极化解矛盾。

5. 细致认真原则

细致认真原则指营业员在接待顾客过程中要认真对待每一个细节，无论是回答顾客的问题，介绍商品，拿递展示商品，还是计价开票，帮助顾客挑选、包装商品，都应认真仔细，避免差错。

6. 平等待人原则

平等待人原则指营业员在接待服务过程中对所有顾客应平等相待，一视同仁，一般进店都是客，没有高低贵贱之分，对顾客要做到：生人熟人一个样，贫富一个样，买与不买一个样，大人孩子一个样，职位高低一个样。

营业员的服务基本要求是主动、热情、耐心、周到。这就要求营业员做到：在顾客进门时，主动招呼，热情问候，耐心介绍商品的性能；对顾客态度和蔼，语言礼貌，百拿不厌，百问不烦，为顾客当好参谋；讲究职业道德，做到买与不买一个样，为顾客着想，对顾客一视同仁，不计较顾客态度好坏，不与顾客争吵，心中要永远记住一句话，即“顾客永远是对的”；做到微笑服务，文明服务，心与心的服务。

三、营业员的接待语言

营业员在接待顾客的过程中应遵循尊重诚恳、礼貌谦恭、友好和善、通俗贴切的基本原则，服务用语要简洁、准确、有礼貌，做到“五要”“四不讲”。

“五要”是语言要亲切，语气要诚恳，语调要柔和，用语要准确，要讲好普通话。

“四不讲”是不讲粗话、脏话，不讲讥讽挖苦的话，不讲催促埋怨的话，不讲与营业无关的话。

营业员在接待顾客的各个不同服务阶段，要灵活用好“十四字”和“十二句话”文明礼貌用语，即“请”“您”“欢迎”“对不起”“谢谢”“没关系”“再见”；“您需要什么”“请您这边看”“看这个好吗”“我来帮您挑”“您还需要其他商品吗”“对不起，这种商品刚卖完，请您留下姓名、地址、电话，来货我们通知您”“请您稍等，我马上就来”“对不起，让您久等了”“您给我××元，找您××元，点清，拿好”“请走好，欢迎您再来”“请别客气，这是我们应该做的”“谢谢，请多提宝贵意见”等。在实际工作中，服务语言会更加丰富，但这“十四字”“十二句话”是有代表意义的，代表着柜台语言所遵循的尊重、礼貌、友好、通俗的基本原则。

第 3 节　商 品 陈 列

一、商品陈列的原则

1. 集中陈列的原则

集中陈列就是将所经营的商品进行科学分类，然后按商品的类别把同一商品集团的商品集中陈列于一个地方。分类主要是考虑商品的用途、价格、保管方式等因素，同时注意方便顾客选购，有利于商品销售。依据商业企业规模大小和所经营商品品种的多少，将商品分成若干大类、中类和小类，使之成为大大小小若干商品集团，以商品集团为单位进行集中陈列。

2. 艺术性陈列的原则

商品陈列要有艺术性，才会有感染力、吸引力。商品应艺术化地展现在货架上，使商品具有动感，给人以呼之欲出的感觉，充分地调动人的购买欲望；陈列架上展示的商品不只在乎商品数量的多寡，更要通过商品不同角度与侧面的组合，使顾客在视觉上感觉到商品的丰满，形成量感。通过动态展示和量感展示，给人带来一种艺术的享受。

3. 保证顾客能看到的陈列原则

商品只有被顾客看到了，才有可能卖出去。因此必须给每一类商品创造一个“露脸”的机会。商场出售的商品绝大部分是包装商品，要保证顾客清楚地看到包装物上所附商品的品名、成分、分量、保质期等说明资料，就应在商品陈列时，将印有商品的标志文字或图案、符号的“面”朝向通路一侧，正向面对顾客。商品在货架上容易被看到，是实现销售的首要条件，所以顾客看不清什么商品在什么位置或小商品被大商品挡住是陈列的大忌。要积极创造条件使顾客看清商品，如货架下层不易看清的商品，可以采取倾斜式排列方式以突出商品。

商品陈列容易被看到的原则要达到两个目的：一是必须让卖场内所有的商品都能让顾客看清，并且对看清的商品作出购买与否的判断；二是要能引起顾客有购买某些预定计划之外商品的冲动，即激发其冲动性购物心理。

4. 货架丰满的陈列原则

货架上的商品必须丰满、整洁、美观，避免顾客看到货架隔板及货架后面的挡板。这样能给顾客一个商品丰富的好印象，起到吸引顾客注意力的作用，提高商品周转的物流效益；同时也能够使货架得到充分的利用，避免白白地浪费陈列空间。反之，货架陈列稀拉、零乱往往会给顾客一种这是“卖剩下的商品”的不良印象，以致产生反感，不想购买。商品丰满陈列要做到以下几点：货架每一格至少陈列 3 个品种（畅销商品的陈列可少于 3 个品种），保证品种数量。就单位面积而言，平均每平方米要达到 11～12 个品种的陈列量。

5. 商品纵向陈列原则

纵向陈列又称垂直陈列，是将每品类商品按纵列方向在货架上进行排列。纵向陈列，可以使顾客一次性通过时，同时看清各集团的商品，这样就能收到较好的销售效果。避免了顾客在横向陈列的货架前，为了看全一个货架或一组货架上的各商品集团，而在架前往返好几次的麻烦。另外，纵向陈列可使同类商品平均享受到货架上各个不同段位（上段、黄金段、中段、下段）的销售利益，避免同类商品的横向陈列所造成的有些商品占尽有利段位，而其他商品无法享受到货架好段位销售利润的情况，可增加更多种商品的销售机会。

6. 关联性商品临近陈列原则

关联性商品临近陈列是指在商品销售中将用途类似、使用场合相似的互补性商品组合在一起陈列。相关商品在一起陈列，可提高消费者选择及购买商品的容易度，并可达到关联购买与联想购买的相乘效果，刺激顾客的连带购买欲望。关联陈列法可以使超市卖场的整体陈列活性化，同时也大大增加顾客购买商品的卖点数。

关联商品陈列时应注意，第一，关联商品应以顾客使用或消费时的关联性和互补性为依据，尽可能再现消费者在生活中的原形。如浴衣可以与洗澡的用具和用品陈列在一起，因为这正是消费者生活的原形。再如鞋刷和鞋油、手电筒和电池等陈列在一起，其目的是使顾客在买商品 A 之后，也顺便购买陈列在旁边的商品 B 或商品 C。第二，相关性商品陈列时应陈列在通道的两侧，或陈列在同一通道、同一方向、同一侧的不同组货架上，而不应陈列在同一组双面货架的两侧。

7. 商品先进先出陈列原则

“先进先出”原则也被称为“立体前进”的原则，其主要内容是随着商品不断被顾客取走，进行商品的补充陈列时，应依照商品先来后到，将原先已在货架上的商品取下来，放入补充的新商品后，再在该商品的前面陈列原有商品。因为一般商品尤其是食品都是有保质期的，顾客总是将前排靠近自己的商品取走，如果后排的商品不排出来，就永远卖不出去，造成过期损失，根据先进先出原则进行商品的补充陈列，有利于保证商品的新鲜性。另外，排在后面的商品时间长了也容易积灰尘，使商品变旧，及时将其取出清洁，放在前面出售，也可避免损失。

二、商品陈列的方法

1. 整齐排列陈列法

整齐排列陈列法（见图 4—2）是商品陈列中最常用、最规范，也是使用范围最广的陈列方法。其操作要领是：

（1）选择商品集团

通常把商品分类中的中分类理解为一个商品集团，即为一种商品或一个品类的商品。

（2）商品纵向陈列

在实施商品陈列时，按纵向陈列原则，将一种商品按其数量的多少，纵向排成若干列。不同小分类，按其本身特点排列在纵向的不同层位上。

（3）明确商品集团轮廓

在整齐排列陈列商品时，必须使不同商品集团的轮廓清晰明确，方便顾客区别、辨认。可采用色调区别、造型区别、包装区别等方法。尽量避免色彩相近的不同商品群放在一起，如无法分开时，可采用在不同商品群货架之间粘上不同颜色的不干胶纸，或用 POP 价签、SP 广告等办法，通过色彩跳跃帮助顾客区分不同商品。

（4）突出周转快或利润高的商品

对于周转快、利润高的商品或商品集团，安排在好的陈列位置上，是促进

图 4—2　整齐排列

销售、提高效益非常有效的手段。所谓好的位置，一是指在整个“卖场”中比较突出的位置，或在同一陈列架上的比较突出的层面，如“黄金陈列线”等位置。

2. 不规则陈列法

不规则陈列法（见图 4—3）是相对于整齐排列陈列法而言，给顾客以新奇感觉的陈列方法。为了打破整齐排列陈列的单调乏味感，可以使用每一层隔板都能自由调节的陈列货架，通过灵活调节中央陈列架隔板间的距离，给顾客一种新鲜感，使其产生错觉，认为陈列货架上的商品又有了新变化，从而进入副通道内选购商品。

图 4—3　不规则陈列

3. 绕柱陈列法

一般较大的卖场中间都会有些起支撑作用的柱子。在卖场中的柱子周围设置货架，摆放一些特价促销商品，即为绕柱陈列法（见图 4—4）。一般柱子所在位置都比较特殊，陈列一些特价商品，容易引起人们的注意，起到促销作用，同时也能充分利用空间。

4. 端架陈列法

端架位于双面中央陈列架的端头。端头是顾客通过流量最大、往返频率最高的地方，从视角上说，顾客可以从三个方向看见陈列在这一位置的商品。因此，端头是商品陈列极佳的黄金位置。端架上陈列的商品要经常变化，可以陈列快讯商品以外的店内促销品、跌幅较大的特价品、利润高的商品以及推销给顾客的新商品等端架陈列如图 4—5 所示。

图 4—4　绕柱陈列

图 4—5　端架陈列

5. **岛式陈列法**

在卖场的进出口处，配置一些圆形或方形的陈列展示台，像区域中的小岛一样，这样的陈列方法叫做岛式陈列法（见图 4—6）。这种陈列可以使顾客从四个方向看到商品，展示效果非常好。岛式陈列一般不宜过高，以免影响整个超市卖场的视野和顾客从四个方向对岛式陈列商品的透视度。

6. **突出陈列法**

突出陈列法（见图 4—7）即将商品货架延伸，突出出来陈列商品的方法。其主要目的是打破单调感，诱导和招揽顾客。突出陈列经常采用几种方法，有的是将中央陈列架下层的隔板做成一个突出的延伸板，将商品堆在这块板上；有的是在地面上设一个突出的台，并在其上面堆积商品；还有的是在中央陈列架前面放上一个存物筐，商品按随机方式堆放，以增加货物的量感。

图 4—6　岛式陈列

图 4—7　突出陈列

第 4 节　商 品 计 量

一、一般计量常识

计量，过去人们习惯称其为“度量衡”。国家对计量管理就是从“度量衡”开始的。1986 年，《中华人民共和国计量法》正式实施，1987 年又发布了《中华人民共和国计量法实施细则》和《中华人民共和国强制检定的工作计量器具检定办法》，规范了计量标准，使计量器具的管理有法可依。

1. 尺类量具

尺是按照法定长度计量单位米（m）、分米（dm）、厘米（cm）进行丈量的。

商业企业使用的常用度量器具有直尺、卷尺等。直尺有木尺、塑料尺、柜台刻度尺，用于丈量布匹、丝绸等。卷尺有钢卷尺与布卷尺等。钢卷尺有自卷式、制动式、盒式摇卷式、架式摇卷式等，有1～50 m多种规格，多用于丈量家具、玻璃、金属器材等。布卷尺的用途及使用方法与钢卷尺无明显区别，但布卷尺准确度低，不宜用来丈量精确度要求较高的物品，一般只用于木材等商品。

长度法定计量单位见表4—1。

表4—1　长度法定计量单位

名称	微米	毫米	厘米	分米	米	十米	百米	千米（公里）
换算	—	1 000微米	10毫米	10厘米	10分米	10米	100米	1 000米

2. 秤类衡量器

衡量各种物体重量或质量等的器具或设备统称为衡器。通常可以分为天平和秤两大类。一般来讲天平是用相同重量的砝码来平衡物体的衡器，准确度高；秤则是用轻的砝码来平衡重的物体的衡器。商业上通常使用的衡器主要有台秤、案秤、字盘秤、电子秤等。

重量法定计量单位见表4—2。

表4—2　重量法定计量单位

名称	毫克	厘克	分克	克	十克	百克	千克（公斤）	吨
换算	—	10毫克	10毫克	10分克	10克	100克	1 000克	1 000千克

二、计量器具的构造

1. 案秤

（1）案秤的构造

案秤是可以放在案板、柜台、桌面上使用的轻型秤。它具有结构简单、体积小、质量轻、使用方便等特点。商业零售企业主要使用的是杠杆增砣式案秤，即AGT型案秤，如图4—8所示。一般分为称重5 kg和称重10 kg两种。

现以AGT型案秤为例介绍其构造。案秤主要由四部分组成：

图 4—8　案秤

1）读数装置。包括杠杆标尺、游砣、增砣、增砣盘、平衡调整砣等。其作用是，当计量杠杆在视准器中间处于平衡时，读取衡量结果。游砣所处标尺指示的值加上增砣盘上增砣的值即为衡量结果。

2）承重装置。包括秤盘、盘架、连杆等。其主要作用是承受被衡量的物品，并将所受之重力传递给杠杆系统。

3）杠杆系统。包括计量杠杆、刀架、支点刀、重点刀、刀承等。其作用是将重点刀上的力，按一定比例传到支点刀上。

4）秤座。包括支架和底座。其作用是用来安装秤的各零部件。

（2）案秤的校验与调整

使用案秤前应先检查空秤是否平衡，如果不平衡，要进行调整使之平衡，否则称量不准。调整方法如下：

1）当空秤误差不超过 2 个分度值时，转动计量杠杆后端的平衡砣至空秤平衡。

2）当空秤误差超过 2 个分度值时，则须调整增砣盘的重量。具体方法是：将平衡调整砣调至螺杆中间，如增砣盘轻，则拧开盘盖，再将铅放入盘碗内，加铅至秤平衡；如增砣盘重，则从盘碗内取出铅块调至秤平衡。

2. 电子秤

电子秤在商业企业中已广泛使用。目前商业企业所用的电子秤多为传感式电子秤，如图 4—9 所示。电子秤称量具有迅速准确的特点，一次即能完成称量、计算、报价等数项工作，前后两面的显示板上显示出单价、重量及总金额等，操作者和顾客都能看到。

电子秤主要由以下五部分组成。

（1）称重传感器

图 4—9　电子秤

由电子元件组成，其主要功能是将所承受的重力转换成电信号，并经放大后传给模数转换器。

(2) 模数转换器

即 A/D 转换器，其主要功能是将模拟信号转换成数字信号。

(3) 微处理器

即一台小型计算机，它能将数字信号按一定程序进行处理，并将结果传给显示器或打印机。

(4) 显示器

由电光管等元件组成，其功能是将经微处理器计算的结果在显示屏上显示出来。

(5) 控制器

由若干控制按键组成，主要作用是输入指令，对秤的全部功能进行控制或调整。

第 5 节　商品包装

一、商品包装的一般要求

商品包装是指商品经营成交后，为了保护商品，便于顾客携带而对商品进行的包装、捆扎。这是营业员必须掌握的基本技能，是商品销售服务中的一项重要内容。

包装是商品的重要组成部分，它是帮助消费者选购商品的无声推销员。包装装潢具有强烈的视觉吸引力，能迅速而生动地传达商品牌号、特性、用途等要求。它除了有宣传和美化商品的功能外，还有保护商品，方便储运、方便使用等功能，从而促进商品的销售。商品包装的一般要求如下：

（1）包装、包扎商品前，应先检查商品及外包装是否完好或受污损。

（2）要根据不同的商品及其外形，采用不同的包装材料与包扎形式。

（3）营业员应尽量考虑顾客的实际，满足顾客要求。

（4）营业员在进行商品包装、包扎时，要做到面向顾客，操作熟练迅速，包严扎牢，外观整齐美观，便于携带。

二、各种商品的包装方法

随着科学技术在产品包装上的广泛应用，商品包装更实用、精美、方便，更具有人性化的特点。尽管各零售商场内出售的原包装商品已占很大比重，但还有部分商品因购买形式、购买习惯、拆整为零或方便携带等原因，需要用适当的包装物料进行包装、捆扎，如食品、纺织品、易碎品等许多百货类商品等。这里列举一些较为常用的包扎方法。

1. 散装商品的包装

目前，零售散装商品的包装形式有纸袋装、塑料袋装、纸盒装、塑料盒装等，这些形式的包装操作在技术上比较简单，只要根据商品的数量、商品的形体，采用适当的包装物品，把商品盛装好，需要捆扎时再进行捆扎即可。但是，有一部分商品还需要用纸包装，尤其是对食品类等零散商品，更具有使用价值。

由于商业的快速发展，人们的消费理念发生了变化，按照现代商业的销售习惯，一般采用传统手工包装的商品主要是茶叶、中药饮片等，目前市场销售的食品基本是生产厂家包装好的商品。

2. 服装的包装

目前，市场上销售的服装主要以垂挂式展示及存放，既便于顾客提拿选购和商品的展示，还使服装不易出现褶皱。包装上也多采用纸提袋、塑料提袋、纸盒等，既美观大方，又方便顾客提拿。营业员将服装售出后，一般包装程序是将服装进行整理（熨平褶皱）、折叠（见图4—10）、装盒、装袋。

3. 大件商品的捆扎

大件商品包括电视机、电冰箱、洗衣机、计算机、空调机等。这些商品一般都有自己的原包装，这就要求营业员对顾客所购商品调试后，进行复原包扎。一般程

图 4—10　折叠好的服装

序是：将底垫按箱内原位放好，商品平稳放在泡沫垫上，摆正。说明书及附件等放入包装箱内，套上塑料薄膜内包装，将上面的泡沫垫按原位放好。然后盖好包装箱上盖，用宽胶带将包装箱捆扎好（见图 4—11）。当然，不同的商品，复原捆扎的方法不同，要根据具体情况区别对待。

图 4—11　电视机包装

第5章 结算知识

第1节 开　票

一、销售小票

商品销售凭证又称销售小票，是商品交易成交后，由营业员填写的一种交款凭证。销售小票具有交款、购货证明、盘点结账等作用，但不能作为报销凭证，是企业内部使用的一种票据。零售企业销售小票的设计一般包括：日期、商品编码、名称、数量、商品单位、金额、开票人等项目。企业根据内部经营管理的需要，确定其销售小票的格式。销售小票示例如图5—1所示。

商品销售小票一般为一式三联，第一联柜台营业员留存，一是用于核对当日的销售数量，做到账实相符；二是累计后可与收款台核对销售额情况。第二联收款台留存。第三联顾客保存，不能作为报销凭证，只是一个购货证明，如果顾客在一定时期内发现质量等问题，可凭此票据到商店要求给予退换等。

二、发票

1. 发票的概念

发票是指在售货业务结束后由营业员或收银员所填写的并由国家税务机关统一

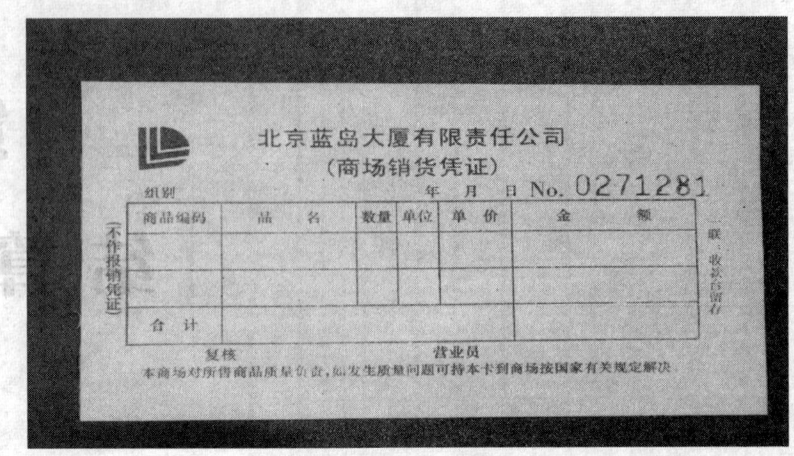

北京蓝岛大厦有限责任公司
（商场销货凭证）

组别　　　　年　月　日 No. 0271281

（不作报销凭证）

商品编码	品　名	数量	单位	单　价	金　额
合　计					

复核　　　　营业员

本商场对所售商品质量负责，如发生质量问题可持本卡到商场按国家有关规定解决。

图 5—1　销售小票

印制的售货凭证。发票是商业企业专用发票的简称，是经济交往中基本的商业凭证，是记录商业经营活动的一种书面证明，是在购销商品、提供或接受服务以及从事其他经营活动中开具、收取的收付款凭证。它与销售小票的区别在于，它能用于购货方向财务部门报销入账，如为个人购买，可凭发票退换商品，并作为商品保修期间的原始凭证。发票具有法律效力。发票分为手写发票和机打发票。手写发票示例见表 5—1。

表 5—1　　北京市国家税务局通用手写发票

发票联　　　　发票代码 111000100141

付款单位：　　　　发票号码 14500785

年　月　日

项 目 内 容	金额 千	百	十	元	角	分	备注
合计人民币（大写）							

第一联发票联

收款单位名称：（盖章）　　　　开票人：

2. 开具发票的要求

（1）普通发票一般是一式三联，首联作为记账凭证；次联作为报销凭证，即发票联（交顾客）；末联作为存根。也有一式两联或一式四联的。开具发票时应夹入复写纸填写。

(2) 开具发票，应用黑色或蓝色圆珠笔（签字笔、钢笔）填写，字迹要规范、清晰、端正，不得写错别字。

(3) 按各栏目要求填写，不得颠倒、漏填、错填。填写项目有：日期、购货单位（或个人）名称、商品品名、规格、单位、数量、单价、大写金额、小写金额等，最后由经手人（开票人）签字并加盖销货单位公章。不得虚开发票，不开空白发票。

(4) 开发票时，必须按照发票本上由小到大的号码连续开，不能跳跃开发票。

(5) 开具发票，应在发生金额最高位数前封口防止作伪。大写金额前用“⊗”字符号封口，小写金额前用“￥”符号封口。

(6) 作废的发票必须全联保存，加盖“作废”章，并粘在原发票联上。

(7) 发票不能涂改、划破、粘贴。

3. 发票作废的处理

(1) 作废发票应在作废发票记录本上登录。作废发票记录本应为一式二联，其中一联可随同作废发票转会计或其他相关部门，另外一联可由收银部门自己留存。

(2) 若将作废的发票遗失，即不能办理发票作废，应成为收银员的收银短缺，由收银员自己负责，以免收银员借此舞弊。

(3) 作废发票记录本上的任何记录及签名必须准确填写。所有作废发票的办理应在营业员结账之前办理妥当，不可在结账后才补办。

(4) 若同一笔交易有三张发票，只有其中一张发生错误时，应将三张发票同时收回一并办理作废，再重新填写三张发票。

4. 发票的管理

(1) 营业员领用的发票由本人保管及核销，不得由他人代领和代核销。核销时作废的页号折开，其作废号码要填入发票封面背后的发票检查记录栏内。

(2) 发票金额要凭顾客购物小票的消费金额填写，营业员在发票的有关项目中要签名。

(3) 核销发票时发现发票不连号的，经手人除要附贴上书面说明外，还要承担由此而产生的一切经济损失。

(4) 丢失发票要及时以书面形式报告财务部门，丢失发票应该在报刊等公开媒体上声明作废，其费用要由经手人负责。

(5) 单位和个人应该建立发票使用登记制度，设置发票登记簿，并定期向主管国家税务机关报告使用情况。

（6）单位和个人应当在办理变更或者注销税务登记的同时办理发票和发票领购簿的变更和缴销手续。

（7）开具发票的单位和个人应当按照国家税务机关的规定存放和保管发票，不得擅自损毁。已经开具的发票存根联和发票登记簿应保存5年。保存期满后，经报主管国家税务机关查验后销毁。

第2节 收　款

一、收款程序

收款是接待顾客的一门技术，更是一门艺术。营业员要把主动、热情、耐心、周到的服务要求体现在接待的过程中。接待顾客的过程是短暂的，有时几个步骤是同步结合进行的，但必须根据顾客购买心理的变化过程逐渐展开，这样才能准确体现出营业员真诚的服务态度，使顾客感到自然和合乎情理，使顾客高兴而来，满意而归。

1. 迎接顾客

迎接顾客是营业员在顾客临近收银台前的准备阶段。这一阶段的基本要求是随时准备，主动迎客。营业员应该站在合适的工作位置上，随时等待顾客的到来，为顾客提供最佳服务。营业员应保持正确的迎客姿态，精神饱满，面带微笑，眼迎顾客，并点头致意，表现出对顾客欢迎的态度。

2. 接触顾客

接触顾客即接近顾客并打招呼。营业员主动招呼顾客是接待的开始，打招呼的语言要热情诚恳，一般情况下的招呼用语应使用“您好”二字，但不宜烦琐过多，这样才能给顾客一个良好的印象。

3. 计价收款

计价收款即计算货款和收款找零。这一阶段的基本要求是：一要准确，计价要准确，找零要准确，确保商场和顾客的利益。二要快速，计价要快速，收取货款和找零也要迅速，尽可能减少顾客的等待时间。三要清楚，在收取货款和找零时要坚持唱收唱付，向顾客交代清楚钱款数额。另外发票等单据的填写也要做到清楚无误。

4. 递交

递交即将商品或找零递交给顾客。递交商品的基本要求是主动递交，准确礼貌。递交商品时，还要根据不同购货对象和不同的商品作一些必要的交代，如携带时的注意事项等。准确礼貌就是要求递交商品时轻拿轻放，递交到顾客手中的商品也要细心地递送准确。

5. 送别顾客

送别顾客包括用眼神送别和使用送别语。如“再见”“请您拿好”“欢迎您再来等”。送别顾客是收银服务的最后一个环节，有礼貌地送别顾客，是营业员应有的礼貌修养，也是文明经商的一个重要方面。收银员对顾客礼貌道别，会使顾客感到亲切，给顾客留下美好印象，有利于树立商场的信誉，为后续的销售奠定良好的基础。送别顾客的基本原则是亲切自然，语言诚恳简练。

二、收款要求

1. 收银作业前的工作要求

营业员在营业前主要是做好各项准备工作，保证收银工作的顺利进行。准备工作的要求是：

(1) 按规定时间签到、集合、参加班前会，然后到指定地点领取备用金，并在登记簿上签字。

(2) 领用发票及办公用品。发票用完时到总收款室登记，在发票领用登记簿上登记注销，并签字领用新发票。对于必需的办公用品应及时领取。

(3) 整理补充必备用品，如各种型号的购物袋、包装纸、海绵缸、签字笔、胶带、干净抹布、“暂停收银”牌等。

(4) 清洁、整理收银作业区，包括做好收银机、包装台、收银柜台四周的地面和垃圾桶、购物篮等放置处的清洁卫生。

(5) 打开收银机，检查收银机工作是否正常。调整好收讫章的日期等。

(6) 了解当日的折扣促销活动，整理仪容仪表。

2. 收银作业中的工作要求

(1) 认真接待每一位顾客，及时做好结算收款工作。营业员应及时接待每一位到收银台结账交款的顾客，不得以任何理由推诿。营业员应根据顾客交来的销售小票，以键盘输入收银机，并核对商品名称、数量、单价等信息，经确认无误后收款、打单。收款后将销售小票、发票连同零钱一同交给顾客。

(2) 应规范地进行商品的扫描输入。在进行扫描输机时，应站姿端正，身体与收银台、收银机保持适当的距离，不应靠在收银台上。在扫描器最敏感的地方按扫描器箭头方向划过商品，当听到“嘟”的声响后，即表明扫描器完成扫描。

(3) 在对商品进行扫描输机时应合理把握先后顺序。营业员应先将顾客手中拿着的商品、放在收银台上面的商品以及易碎的商品扫描输机，以免漏输或打坏商品。当商品的条码扫描不出来时，应将该商品改用手工输入，不得用不同条码的同价商品代替该商品输机。对于以店内码销售的商品，收银员可以直接使用键盘手工输入。

(4) 营业员应检查顾客所购商品是否全部输入收银机，确保不漏输。商品全部输入收银机后，还要询问顾客是否还有其他商品，同时要留意顾客购物篮（车）内或身上是否还有未输机的商品。

(5) 营业员应认真核对所售商品的信息，确保商品销售不出差错。商品输入收银机后，要认真核对商品与显示器显示的品名、规格、单价、数量，当屏幕上显示的商品信息与实际商品情况不符时，可能是销售部门打错了价格，此时应找来相关人员核查，一般要按低标价出售给顾客。如商品品名、规格、条码不符或商品无条码时，应委婉地向顾客解释，并及时通知有关人员进行更换。能打开外包装的商品或封口被开启过的商品，必须打开包装，并将实物与屏幕显示的商品信息认真核对。

(6) 应规范更正错误的输机记录。在未结算前发现输入错误时，应在有关人员的监督下使用“更正”“取消”键，并将计算机小票交有关人员保留备查。

(7) 应规范地进行消磁。消磁工作应在商品输入收银机并与实物核对无误后进行。凡有硬标签的商品，应扫描一个就用解码器取下一个，硬标签取下后，如顾客不要此商品或需要更换时，将商品取消后，要及时将硬标签扣回原位。有软标签的商品应在消磁板上进行消磁。在消磁板上对软标签消磁时，不要将商品在消磁板上来回摩擦。如果顾客出门时报警器报警又返回收银台消磁，需先查看计算机小票，确认顾客已经购买商品后再消磁，并礼貌地向顾客道歉。

(8) 应规范收取顾客的现金，预防差错的发生。收取顾客支付的现金时，应首先确认顾客支付的金额，告之顾客“收您××元”，并检查现金的真伪。如果需要找付零钱给顾客，应正确配好零钱，将大钞放下面，零钱放上面，双手递交给顾客，同时告之顾客“找您××元”。

(9) 对于挂单商品要及时放在收银台下面妥善保管，待顾客返回后，先按住挂单键，再将商品拿到收银台上。

(10) 递交商品给顾客时，一定要等顾客将商品拿稳后，才可以将双手放开。

(11) 在整个收银过程中，眼睛的余光要随时留意收银通道，以防商品流失。

(12) 在进行收银作业时，不可擅自离开收银台，以免造成钱款损失，或引起等候结算顾客的不满与抱怨。如果营业期间需要离开收银台，要将“暂停收款”牌放在收银台上，并用链条将收银通道拦住。离开收银台前如果还有顾客等候结算，不可以立即离开，应以礼貌的语言请后面的顾客到其他收银台结账，并为等候的顾客结账后方可离开。

(13) 应及时为顾客办理商品退换。如顾客要求退货，经确认符合退货条件的，应及时予以退货。退货时，收银员应正确填写顾客退货单，履行规范的退货手续。如顾客已开具发票，需将发票退回收银台。

(14) 当班期间不得随意外出、串岗、购物、闲谈、说笑或进入其他收银台，要随时注意收银台前和视线所见的商场内的情况，以防止和避免不利于商场的异常现象发生。

(15) 营业员在上岗时身上不可以带有现金，收银台上除茶水杯外，一般不可以放置其他私人物品。不可以任意打开收银机的钱箱查看现金和清点现金。

(16) 不启用的收银通道必须用链条拦住，如果不启用的收银通道也开放，会给商场带来损失。

3. 交接班的工作要求

(1) 交接班时，应将营业款、票据等放入钱袋，并在收银机上退出自己的密码。应将所有办公用品与交接班人员一一清点，交接清楚。交接班时，如果有顾客等待付款，应礼貌地向顾客解释：“对不起，我们正在交接班，请稍候。”

(2) 交接班时，如果客流较大，相邻的收银台应轮流交接班，不能同时交接班，以免导致无法正常收款。交接班应在一笔收款结算完成后进行，不能在结算中途交接班。交接班时，不能以正在交接班为由拒绝为顾客服务。

(3) 每天上午班与下午班上岗时，要在最短的时间内做好货款、备用金及其他有关事宜的交接工作。下午班交接营业员到岗后，上午班营业员方可到总收款室缴款。缴款时，必须按照规定的缴款路线行走。在缴款途中，不准无故停留、与他人闲谈。交完班的营业员按规定不准无故在收银台、售货区长时间停留。

4. 营业结束时的工作要求

(1) 应清点备用金，整理银行卡单，汇总各种票、券。营业结束时拿好备用金、货款及各类单据，到指定地点做缴款单。所收货款多时须有防损人员护送。

(2) 要按规定填写缴款单。填写现金缴款单时，应将现金全部点数完毕并整理好，复核一遍确定无误后，再根据现金面额逐一填写缴款单。要按商场规定的格式填写缴款单，字迹要工整，不得涂改。填写完毕后，复核缴款单的填写是否正确无误。

（3）上交备用金、银行卡单及各种购物卡等。将收回的购物卡及银行单据整理好，准备上交。

（4）将现金袋和整理好的票据等拿到指定地点办理上交手续。

5. 收银下班时的工作要求

（1）营业结束前 10 分钟，清点货款，等到商场顾客离开后，打交易取消条，在收款机上结账，并在结账单上注明收银台号。填写收银员结账单。将收银机退出工作状态，按规定程序关机。整理好办公用品，罩好机罩，交出钥匙。

（2）签字离岗，到总收款室交钱袋。

（3）到总收款室存完钱袋后，要在登记表上签字，不得代签、不签。

第 3 节　银钱知识

一、人民币知识

现金指可流动形式的货币，如纸币或硬币。人民币是我国的法定货币，在我国日常经济生活中作为结算的手段和凭证。

国际上常用的人民币缩写是 RMB（Ren Min Bi），在数字前一般加上“¥”表示人民币的金额。目前，市场流通的人民币分别是：1 元、2 元、5 元、10 元、20 元、50 元、100 元，1 角、2 角、5 角，1 分、2 分、5 分。人民币以元币为主币，角币、分币为辅币。1 元等于 10 角，1 角等于 10 分。人民币按照材料的自然属性划分有金属币（也称硬币）、纸币（也称钞票）。无论纸币、硬币均等价流通。

目前流通的人民币，是中国人民银行自 1987 年以来发行的第四套人民币和 1999 年以来发行的第五套人民币，两套人民币同时流通。为提高第五套人民币的防伪水平，经国务院批准，中国人民银行自 2005 年 8 月 31 日起，在全国范围内发行 2005 年版第五套人民币 100 元、50 元、20 元、10 元、5 元纸币、1 角硬币。

1. 第四套人民币各面额的主要特征

100 元：票面纸幅长 165 mm，宽 70 mm。票面图案正面主景为我国老一辈无产阶级革命家毛泽东、周恩来、刘少奇、朱德的侧面雕像，背面主景为井冈山主峰。主色调为蓝黑色。

50元：票面纸幅长160 mm，宽77 mm。票面图案正面主景为工人、农民、知识分子头像，背面主景为黄河壶口。主色调为黑茶色。

10元：票面纸幅长155 mm，宽70 mm。票面图案正面主景为汉族、蒙古族人物头像，纹饰为凤凰牡丹；背面主景为珠穆朗玛峰。主色调为黑蓝色。

5元：票面纸幅长150 mm，宽70 mm。票面图案正面主景为藏族、回族人物头像，纹饰为仙鹤松树；背面主景为长江巫峡。主色调为棕色。

2元：票面纸幅长145 mm，宽63 mm。票面图案正面主景为维吾尔族、彝族人物头像，纹饰为绶带鸟翠竹；背面主景为南海“南天一柱”。主色调为绿色。

1元：票面纸幅长140 mm，宽63 mm。票面图案正面主景为侗族、瑶族人物头像，纹饰为吉祥鸟梅花；背面主景为长城。主色调为深红色。

2. 第五套人民币各面额的主要特征

100元（见图5—2）：票面纸幅长155 mm，宽77 mm。票面图案正面主景为毛泽东头像，左侧为椭圆形花卉图案，票面左上方为中华人民共和国国徽图案，右下方为盲文面额标记。背面主景为人民大会堂图案。左侧为人民大会堂内圆柱图案。票面右上方为“中国人民银行”汉语拼音字母和蒙、藏、维、壮四种少数民族文字的“中国人民银行”字样和面额数字。票面主色调为红色，1999年10月1日发行。

图5—2 第五套人民币——100元

50 元（见图 5—3）：票面纸幅长 150 mm，宽 70 mm。票面图案正面主景是毛泽东头像，左侧印有花卉图案，票面左上方为中华人民共和国国徽图案，右下方为盲文面额标记。背面主景为布达拉宫图案，票面右上方为“中国人民银行”汉语拼音字母和蒙、藏、维、壮四种少数民族文字的“中国人民银行”字样和面额数字。票面主色调为绿色，2001 年 9 月 1 日发行。

图 5—3　第五套人民币——50 元

20 元（见图 5—4）：票面纸幅长 145 mm，宽 70 mm，票面图案正面主景为毛泽东头像，左侧为花卉图案，票面左上方为中华人民共和国国徽图案，左下方印有双色横号码，右下方为盲文面额标记。背面主景为桂林山水图案，票面右上方为“中国人民银行”汉语拼音字母和蒙、藏、维、壮四种少数民族文字的“中国人民银行”字样和面额数字。票面主色调为棕色，2000 年 10 月 16 日发行。

10 元（见图 5—5）：票面纸幅长 140 mm，宽 70 mm。票面图案正面主景为毛泽东头像，左侧为花卉图案，票面左上方为中华人民共和国国徽图案，左下方印有双色横号码，右下方为盲文面额标记。背面主景为长江三峡图案，票面右上方为“中国人民银行”汉语拼音字母和蒙、藏、维、壮四种少数民族文字的“中国人民银行”字样和面额数字。票面主色调为蓝黑色，2001 年 9 月 1 日发行。

5 元（见图 5—6）：票面纸幅长 135 mm，宽 63 mm。票面图案正面主景为毛泽东头像，左侧为花卉图案，票面左上方为中华人民共和国国徽图案，左下角印有双色横号码，右下方为盲文面额标记。背面主景为泰山图案，票面右上方为“中国

图 5—4 第五套人民币——20 元

图 5—5 第五套人民币——10 元

图 5—6　第五套人民币——5 元

人民银行”汉语拼音字母和蒙、藏、维、壮四种少数民族文字的“中国人民银行”字样和面额数字。票面主色调为紫色，2002 年 11 月 18 日发行。

1 元纸币（见图 5—7）：票面纸幅长 130 mm，宽 63 mm。票面图案正面主景为毛泽东头像，左侧为花卉图案，左下角印有双色横号码，票面左上方为中华人民共和国国徽图案，右下方为盲文面额标记。背面主景为杭州西湖图案，票面右上方为“中国人民银行”汉语拼音字母和蒙、藏、维、壮四种少数民族文字的“中国人民银行”字样和面额数字。票面主色调为橄榄绿色，2004 年 7 月 30 日发行。

1 元硬币（见图 5—8）：直径为 25 mm。正面为行名、面额及年号，背面为菊花图案及行名汉语拼音。色泽为镍白色，材质为钢芯镀镍，币外缘为圆柱面，并印有“RMB”字符标记。该币于 2000 年 10 月 16 日发行。

5 角硬币（见图 5—9）：直径为 20.5 mm。正面为行名、面额及年号，背面为荷花图案及行名汉语拼音。色泽为金黄色，材质为钢芯镀铜合金，币外缘为间断丝齿，共有六个丝齿段，每个丝齿段有八个齿距相等的丝齿。该币于 2002 年 11 月 18 日发行。

1 角硬币（见图 5—10）：直径为 19 mm。正面为行名、面额及年号，背面为兰花图案及行名汉语拼音。色泽为铝白色，材质为铝合金，币外缘为圆柱面。该币于 2000 年 10 月 16 日发行。

图 5—7 第五套人民币——1 元纸币

图 5—8 第五套人民币——1 元硬币

图 5—9 第五套人民币——5 角硬币

图 5—10 第五套人民币——1 角硬币

二、银行卡知识

1. 银行卡分类

（1）按照信息存储媒介划分，银行卡可以分为磁性卡和芯片卡。

1）磁性卡。磁性卡就是在银行卡的背面安装一个带有持卡人有关信息的供ATM和POS终端识别与阅读的磁条。截至目前，几乎90%以上的银行卡都为磁性卡。磁性卡示例如图5—11所示。

图5—11　磁性卡

2）芯片卡。即在塑料卡片表面嵌入一个特殊的集成电路芯片的银行卡。芯片卡具有存储容量大、可脱机使用、自动计算、安全性较高等特点。芯片卡示例如图5—12所示。

（2）根据清偿方式的不同，银行卡可以分为贷记卡、准贷记卡和借记卡。

1）贷记卡。即通常所称的信用卡，是一种向持卡人提供消费信贷的付款卡，持卡人不必在发卡行存款，就可以“先购买，后结算交钱”。贷记卡示例如图5—13所示。

贷记卡的正面内容一般包括：发卡机构名称，发卡机构标志，凸印的信用卡卡号及平面印刷的卡号前四位数字，信用卡的有效截止日期，持卡人性别、姓名，信用卡标志。

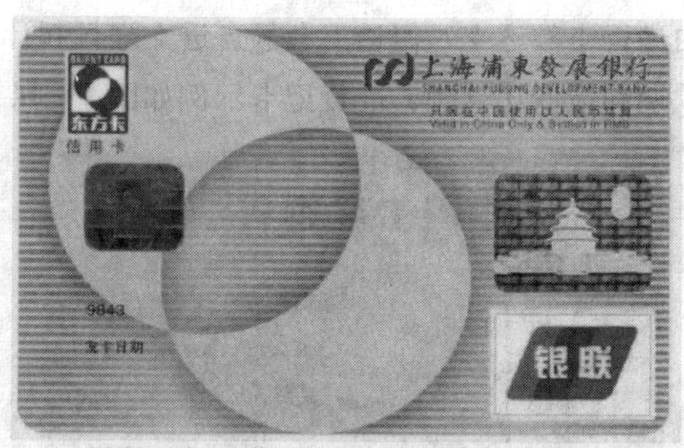

图 5—12　芯片卡

图 5—13　贷记卡

贷记卡背面的内容一般包括：磁条，持卡人签名栏和签名，卡号和卡片校验码，发卡银行重要声明，发卡行客户服务或授权服务电话，有些彩照信用卡还在卡背面印有持卡人的小幅彩照。

2）准贷记卡。此种信用卡兼具贷记卡和借记卡的部分功能，一般需要交纳保证金或提供担保人，使用时先存款后消费，存款计付利息，在购物消费时可以在发卡银行核定的额度内进行小额透支，但透支金额自透支之日起计息，欠款必须一次还清，没有免息还款期和最低还款额。准贷记卡示例如图 5—14 所示。

图 5—14　准贷记卡

3）借记卡。相对应贷记卡“后付款”的是借记卡的“先付款”。为获得借记卡，持卡人必须在发卡机构开有账户，并保持一定量的存款。持卡人用借记卡刷卡付账时，所付款项直接从他们在发卡银行的账户上转到售货或提供服务的商家的银行账户上。借记卡的支付款额不能超过存款的数额，即不能透支。借记卡的示例如图 5—15 所示。

图 5—15　借记卡

借记卡正面内容一般包括：发卡银行中英文名称，发卡银行标志，借记卡类名称，有效截止日期或发卡日期，借记卡的卡号，持卡人姓名，“银联”标志图案。

借记卡背面的内容包括：磁条，持卡人签名，发卡银行重要声明，发卡行客户服务或授权服务电话，发卡行借记卡标志。

(3) 按照结算货币不同，银行卡可以分为外币卡和本币卡。

1）外币卡。外币卡是指结算货币非发卡机构所在国家法定货币的信用卡。

2）本币卡。本币卡即以信用卡经营者所在国家法定货币作为结算货币的信用卡。

(4) 按照账户币种数目，银行卡可以分为单币种信用卡和双币种信用卡。

1）单币种信用卡。单币种信用卡即仅设置单一结算币种的信用卡，传统的信用卡均属于此类型信用卡。

2）双币种信用卡。此种信用卡集合了外币卡和本币卡的功能特点，将本国货币和另外一种可自由兑换货币两种结算币种账户并存于一张信用卡之中，本国内使用时在本币账户中进行账务处理和结算，在国外使用时于外币账户中进行账务处理和结算，从而最终实现一张卡通行世界的目的。

(5) 按照信用卡从属关系，可以分为主卡和附属卡。

1）主卡。主卡是发卡机构对于年满一定年龄，具有完全民事行为能力，具有稳定的工作和收入的个人发行的信用卡。

2）附属卡。附属卡是指主卡持卡人为自己具有完全民事行为能力的父母、配偶、子女或亲友申请的、由发卡机构发放的信用卡。主卡和附属卡共享账户及信用额度，也可由主卡自主限定附属卡的信用卡额度，主卡持卡人对于主卡和附属卡所发生的全部债务承担清偿责任。

2. 我国主要发卡银行的银行卡名称

中国工商银行——牡丹卡；

中国农业银行——金穗卡；

中国银行——长城卡；

中国建设银行——龙卡；

浦发银行——东方卡；

交通银行——太平洋卡；

中国邮政储蓄银行——邮政绿卡；

中国民生银行——民生卡；

中信银行——中信卡；

广东发展银行——广发卡；

深圳发展银行——发展卡；

招商银行——一卡通；

中国光大银行——阳光卡；

华夏银行——华夏卡；

兴业银行——兴业卡；

上海银行——申卡；

北京银行——京卡；

深圳平安银行——平安卡（信用卡）、吉祥卡（借记卡）。

3. 银联卡

中国银联股份有限公司是经国务院同意、中国人民银行批准，由全国80多家金融机构共同发起设立的一家股份制金融服务机构。作为国内唯一的银行卡联合组织，中国银联的核心业务是建设和运营全国统一的银行卡跨行信息交换网络，负责银行卡跨行交易的信息转接和资金清算。

银联卡的特征是：一是卡片正面右下侧印有红绿蓝三色“银联”标志。二是卡片“银联”标志上方有全息激光图案，卡号以62字头为主。三是信用卡背面的签名条上印有彩色“银联”字样，写上去的字迹无法涂抹。银联标准卡如图5—16所示。

图5—16　银联标准卡

“银联”标志卡可在国内贴有“银联”标志的自动柜员（ATM）机上提取现金和查询，可在各种商场、酒店、机场等场所的贴有“银联”标志的金融POS机上进行消费使用。

一些城市的部分自动柜员机上可提供跨行转账；可以通过银联的电子支付网关，进行以银行卡为支付载体的交易和转账。为各种自动柜员机和销售点终端机受理各商业银行发行的银行卡提供一种统一的识别标志，以便使不同银行发行的银行卡能够在带有“银联”标志的自动柜员机和销售点终端机上通用，为广大消费者提供方便、快捷、安全的金融服务。

4. 银行卡的功能与特点

(1) 银行卡的功能

1) 在银行柜台存款、取款、汇款、转账、查询。

2) 在自动取款机、自助存款机存款、取款、转账、查询。

3) 签约代收、代付、自动转存。

4) 商户消费。

5) 电话银行、网上银行支付结算。

6) 消费信贷。

(2) 银行卡的特点

1) 安全便携。可设密码，并能挂失；体积小薄，便于携带。

2) 使用广泛。可在银行柜台、商户、自动取款机、自助缴费终端等处使用。尤其随着银联网络的拓展，银联卡可在全国乃至境外部分国家和地区广泛使用。

3) 功能齐全。查询余额、存取现金、消费购物、转账、缴纳费用。

4) 现代时尚。一卡在手，潇洒一挥，彰显现代生活品位。

5) 增值服务。可享受各种打折促销、刷卡优惠礼遇。

6) 信用积累。如果使用信用卡，还可以“先消费，后还款”，节约资金成本，累计个人信用。

三、支票知识

1. 支票的定义

支票是出票人签发，委托办理支票存款业务的银行或者其他金融机构在见票时无条件支付确定的金额给收款人或持票人的票据。

支票是以银行为付款人的即期汇票，可以看做汇票的特例。支票出票人签发的支票金额，不得超出其在付款人处的存款金额。如果存款低于支票金额，银行将拒付。这种支票金额超出出票人存款额的支票称为空头支票，出票人要负法律上的责任。

2. 支票的特点

开立支票存款账户和领用支票，必须有可靠的资信，并存入一定的资金。支票一经背书即可流通转让，具有通货作用，成为替代货币发挥流通手段和支付手段职能的信用流通工具。运用支票进行货币结算，可以减少现金的流通量，节约货币流通费用。支票结算的特点概括起来说就是简便、灵活、迅速和可靠。

3. 支票的分类

支票分为普通支票、现金支票、转账支票 3 种。现金支票只能用于支取现金，它可以由存款人签发用于到银行为本单位提取现金，也可以签发给其他单位和个人用来办理结算或者委托银行代为支付现金给收款人；转账支票只能用于转账，它适用于存款人给同一城市范围内的收款单位划转款项，以办理商品交易、劳务供应、清偿债务和其他往来款项结算；普通支票可以用于支取现金，也可以用于转账。但在普通支票左上角画两条平行线的，为画线支票，只能用于转账，不能支取现金。

第 4 节　收银机知识

一、收银 POS 机（固定收银 POS 机）

收银 POS 机也称 POS 终端，它的硬件基础是通用计算机的基本部件，它既有计算机的通用接口，可以连接多种网络，又有适用于商业环境的专用接口，如磁卡阅读器、钱箱、条形码阅读器外设接口等，还具有针对商业环境的专用键盘，且每个键都可以重新定义。收银 POS 机的管理软件完全可以根据具体需要进行设置。收银 POS 机如图 5—17 所示。

图 5—17　收银 POS 机

1. 收银 POS 机的优点

（1）收款迅速、准确

营业员通过对顾客购买信息的录入，收银机作出快速的响应，正确计算出该笔交易额并显示出应收款额、实收款额、找零额等信息，减少了营业员对交易额的计算时间，极大地提高了收银速度。特别是商品条形码技术的应用使得收银速度提高了数倍，缩短了单笔交易的时间，提高了企业的经营效率，方便了顾客。

（2）支持多种付款方式

收银 POS 机可以支持顾客使用现金、支票、银行卡、优惠券、提货单等付款方式。甚至在同一笔交易中，可以使用多种付款方式，极大地满足了顾客不同层次的需求。

(3) 方便业绩统计，为经营管理服务

收银 POS 机能够记录营业员在营业中的销售业绩及顾客的购物信息等资料，并能打印多种形式的报表，可以直接为管理服务，为决策者提供客观依据。

(4) 结账精确，杜绝舞弊

收银 POS 机的应用，使企业的钱、物受到严格的控制，缩短了结账时间，提高了账务的正确性和精确度，并且可以有效地杜绝收银舞弊行为。

2. 收银 POS 机的组成

收银 POS 机的组成如图 5—18 所示，主要包括主机、操作员显示器、顾客显示器、票据打印机、POS 键盘（控制锁）、钱箱等必要配置，以及一些扩展配置，如磁卡读写器（内置键盘中）、IC 卡读写器、条形码扫描器等。

图 5—18 收银 POS 机的组成

(1) 主机

主机包括中央处理器及主板，是收银 POS 机的主要组成部分。它由 CPI、POS 专用主板、内存和硬盘等几个主要部件组成，用于存储软件、执行程序，并处理存储交易时产生的各类数据。收银 POS 机的其他部分都是直接连接在主机上的，因此在收银 POS 机的主机背面有很多接口，其中主要接口包括以下几种：

1) 电源输入、电源输出和票据打印机电源输出接口。

2) 串行口。用于连接串口设备，如顾客显示器、刷卡设备等。有些收银机的主机个别串口带有电源，可提供如顾客显示器之类外部设备的工作电源。

3）并行口。通过打印数据线连接微型票据打印机。

4）VGA 接口。操作员显示器显示信号接口。

5）网卡接口。用于将收银机连接成为局域网。

6）键盘接口。可连接 PC 键盘、POS 键盘或键盘接口的条形码扫描器，而 POS 键盘通常都带有键盘输出口，因此可将条形码扫描器或 PC 键盘连接在 POS 键盘上。

7）鼠标接口。

8）钱箱接口。部分收银机的主机上有此接口，而大部分的钱箱是由微型票据打印机来控制的，即钱箱是连接到票据打印机上的。

9）通用串行总线。部分主机有此接口，用于连接此类接口的设备。

（2）软件/存储器

大都使用计算机上的硬盘或软盘驱动器作为收银机软件及数据存储器，存储量大，使用方便。

（3）显示器

收银 POS 机的显示器一般有两个，一个是营业员专用的，一个是顾客用的。

（4）键盘

收银 POS 机一般配有专用键盘。

（5）打印机

收银 POS 机除内置打印机外，还可以连接外置打印机。

（6）钱箱

钱箱用于存放收款现金，同时还可以存放支票、优惠券及其他相关票据。

（7）外部设备接口

一般的收银 POS 机配有用于接入外部设备的接口。

（8）收银 POS 机的主要外部设备

1）条形码扫描器。条形码扫描器也称条形码阅读器，是商品条形码的读入装置。从外观上可分为笔式、手持式、台式和卡式四种，按光源可分为红外光和激光两种。

2）磁卡读写器。磁卡读写器是一种磁记录信号的读入或写入装置。它将银行卡、商家发行的优惠卡、会员卡等磁卡记录的信息读入收银机。它的种类和型号较多。

3）电子秤。现场称量计量商品时，电子秤将重量及其数据传递给收银机。

4）条形码电子秤。对一些拆分包装、重量不等的商品，使用条形码电子秤，除称重外，还可以打印该种商品带有价格的条形码。

5）票据打印机。可以完成定制票据或账单打印。打印机打印的票据内容通常有点名，时间，交易号，收银机号码，商品品名，数量、单价、总价，商品编码或商品条形码以及收款金额、找零金额等。微型票据打印机通常分为热敏票据打印机和点阵式票据打印机两类。

3. 收银 POS 机的维护和保养

虽然不同的收银 POS 机的操作规程有一定差异，但其在维护和保养方面的要求基本是一致的，一般要做到如下几个方面：

（1）应保持收银机外表的整洁，不允许在机器上放置物品，做到防水、防尘、防油。

（2）操作动作要轻，特别是在开启、关闭钱箱时要防止振动。

（3）电源线的连接应安全和固定，不能随意搬动机器和拆装内部器件。

（4）断电关机后，至少在 1 分钟后再开机，不能频繁开机、关机，并应经常检查打印色带和打印纸，及时更换色带盒打印纸，保持打印机内部的清洁。

（5）定期清洁机器，除尘、除渍。

（6）及时排除一般故障，保持机器的正常运转。

二、移动收银 POS 机

移动收银 POS 机是在客观环境不适宜使用固定收银 POS 机的情况下，为方便顾客交款而使用移动收银机收款的方式。移动收银系统是集 IC 卡读写器、条形码扫描器、终端打印机为一体的移动收银终端。它可以实现多种类型卡片的刷卡、红外线扫描、热敏打印、终端收款等功能。

1. 移动收银 POS 机的优点

（1）方便快捷

使用移动收银 POS 机减少了顾客等候的时间，极大地方便了顾客。特别是在使用固定收银系统结账顾客等候时间较长时，移动收银系统进一步提高了收银速度，做到了随买随结，提高了经营效率。

（2）留住会员和 VIP 顾客

目前，零售业普遍使用的是固定收银系统，经营者因考虑成本等问题设置的收银台有限，业务忙时会造成大量的顾客排队，顾客会因为排队时间长而放弃消费，造成会员顾客的流失。使用移动收银 POS 机能够留住会员顾客和 VIP 顾客。

（3）功能丰富

移动收银系统的功能丰富，主要包括“销售”“退货”“报表”“修改密码”“退出”五个功能，其中，电子开票报表可以显示营业员、部门、开票数量、开票总金额和电子开票的明细。移动收银系统不需使用键盘，用手写笔即可进行操作。移动收银系统的使用，不仅方便了顾客，同时也方便了经营者，极大地提高了经营者的交易效率。

2. 移动收银 POS 机的组成

移动收银 POS 机主要由小票打印区、显示屏、电池、条码扫描区、手写笔、机器重启开关、键盘等组成，如图 5—19 所示。在使用移动收银 POS 机收款时主界面一般显示销售、退货、报表、修改密码、退出五个选项，如图 5—20 所示。

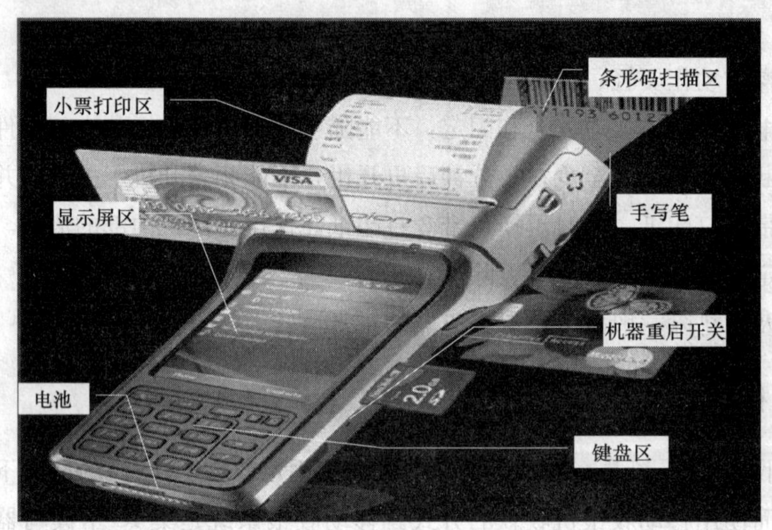

图 5—19　移动收银 POS 机的组成

3. 移动收银 POS 机的使用注意事项

（1）设备长时间闲置时，屏幕会自行关闭进入节能状态。只要使用手写笔点击屏幕即可恢复使用。

（2）使用前请检查打印纸是否正常，能否正常打印。

（3）如果使用时提示“连接失败”，请重启机器。

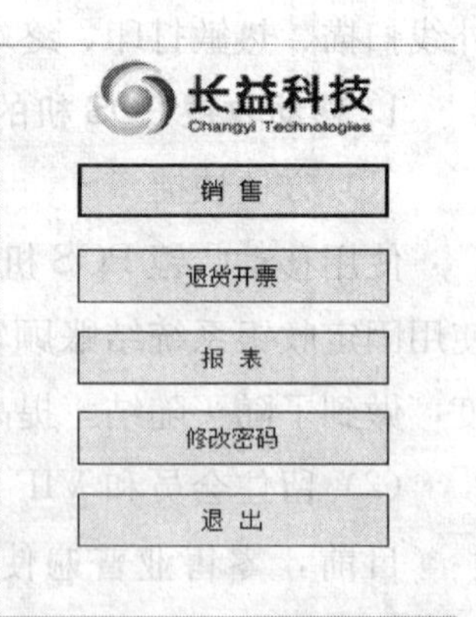

图 5—20　移动收银 POS 机主界面

三、金融 POS 机

1. 金融 POS 机的定义

金融 POS 机（Point of Sales）是“销售点终端机

具”的英文简称，是安装在特约商户内，为持卡人提供授权、消费、结算等服务的专用银行电子支付设备。金融 POS 机通过通信线路和收单机构或银联中心相连通，是实现消费不用现金、将纸币交易转化为电子交易的一种银行专用电子支付设备。

2. 金融 POS 机的硬件组成

(1) 主机部分

如图 5—21 所示，主机用于采集银行卡磁条/IC 芯片数据信息，并与收单机构或银联中心进行数据信息的传递和接收，对各类交易进行处理。主机部分包含操作键盘、液晶显示面板、刷卡槽/读卡口、通信插口。其中，操作键盘是收银员在受理银行卡时的主要操作区域，液晶显示面板用于显示金融 POS 机的操作信息，刷卡槽用于读取磁条卡信息，读卡口用于读取 IC 卡信息（根据金融 POS 机的不同功能，读卡口属于选配配置），通信插口用于连接外部设备或者通信线路。

图 5—21 金融 POS 机

(2) 密码键盘

密码键盘是交易时用于给持卡人确认交易金额和输入密码的部件，包含显示液晶屏和数字键盘区，有些新型的密码键盘还配有刷卡槽/读卡口。

(3) 电源适配器

电源适配器也称变压器，用于将 220 V 的电压转换为金融 POS 机各部件适用的直流电或者为金融 POS 机电池充电。电源适配器分内置式和外置式两种。

(4) 打印部分

打印部分是交易完成后打印签购单的部件。目前主要有针式和热敏式两种打印方式。

金融 POS 机由以上四部分组成一个完整的系统。不同金融 POS 机外形设计风格不同，有的金融 POS 机的主机部分和密码键盘在一起，有的金融 POS 机的主机部分和打印部分在一起，有的金融 POS 机是主机部分、密码键盘、打印部分三者合一的一体机，新型的无线金融 POS 机甚至四个部分合一。

3. 金融 POS 机的通信连接方式

（1）金融 POS 机的通信连接方式

1）有线通信方式。有线通信方式是通过电话线连接固定的电话网络，以电话拨号的通信方式接入收单机构或银联中心。

2）无线通信方式。无线通信方式是金融 POS 机装有 SIM 卡，以无线通信方式接入收单机构或银联中心。

3）组网通信方式。组网通信方式是通过五类网络线（第五网）或者无线发射装置组成局部网络，通过网络路由设备连接专用通信网络，以网络通信方式接入收单机构或银联中心。

（2）金融 POS 机通信插口介绍

为了让金融 POS 机正常工作，在金融 POS 机上设计了若干与外部连接的插口，如图 5—22 所示。

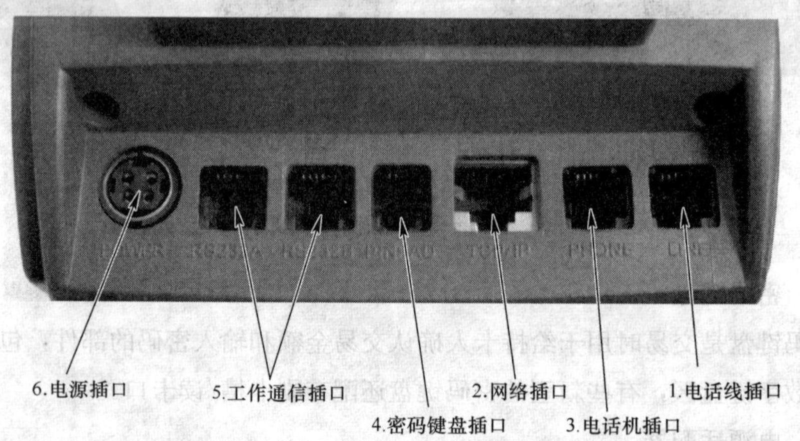

图 5—22　金融 POS 机部件插口示意图

1）电话线插口。该口内设 6 槽 4 芯铜线，用于连接固定电话网络。插口处一般标记有：“LINE”或者“电话线”字样。

2）网络插口。该口内设 8 槽 8 芯铜线，用于连接商户局域网络。插口处一般标记有“TCP/IP”或者“LAN”“网络”字样。

3）电话机插口。该口内设6槽4芯铜线，用于连接电话机。插口处一般标记有“PHONE”或者“TEL”“分机”字样。

4）密码键盘插口。用于连接密码键盘。该插口处一般标记有“PINPAD”或者“PIN”“密码键盘”字样，根据厂家设计的不同，有扁平设计（内设4槽4芯铜线）和圆形设计（6芯内孔）。

5）工作通信插口。由金融POS机维护人员维护时使用。插口一般标记有“RS-232”或者“通信”“下装口”字样。根据厂家设计的不同，有扁平设计（内设8槽8芯铜线）和圆形设计（6芯内孔）。

6）电源插口。用于提供适合金融POS机运行的电源。插口处一般标有“POWER”“PWR”或者“电源”字样。

4. 金融POS机金融类交易

金融类交易是指与资金及授权有关的交易，如消费、消费撤销、结算、退货等交易。

（1）消费

消费是指持卡人在特约商户消费时用银行卡进行支付的交易。

（2）消费撤销

消费撤销是指在当日消费成功后，持卡人或者营业员发现消费金额有误或其他情况（如持卡人要求取消原交易等），在当日金融POS机结算前，需要取消原消费交易的交易。

（3）结算

结算功能是每天营业结束或营业员交接班前，营业员必须做的一项交易。金融POS机通过结算与收单机构或银联中心进行对账处理，并打印交易流水，营业员可根据流水核对金融POS机签单收据。金融POS机做完结账，称为当日当批交易结束，同时金融POS机内该批交易流水记录全部清除。

（4）退货

退货是指持卡人在消费当日金融POS机结算后，要求取消原消费交易而发起的交易。退货交易将已扣持卡人账户余额的消费交易款项全额或部分地退还至持卡人账户。退货交易可分为联机退货交易和手工退货交易。

第6章 商业企业安全生产相关知识

第1节 营业场所卫生

商场是公共场所，人来人往，顾客很多，如果环境卫生不好，地面布满灰尘、纸屑，就不能留住顾客。购物环境卫生包括营业场所卫生、商品卫生、营业员个人卫生。保持清洁，窗明柜净，商品整洁，为消费者创造一个干净舒适的购物环境，是文明经商的要求。在营业现场，每天的卫生工作要定人定时，经常打扫，将废旧包装物及时清理收回。陈列用具和展示的商品要每天擦拭，营业员也要着装整洁，讲究个人卫生。

一、售货场地及设备设施卫生

(1) 柜台、货架、收银台、开票台、存包台、服务台要做到手摸无灰尘、目视无污垢，保持光亮洁净。

(2) 办公区、理货区、验货区要做到目视干净、整洁，手摸无灰尘、无污迹，地面干爽，橱窗以及门窗光亮、洁净。

(3) 柜台内设备如主机、显示器、键盘、打印机、传真机等，每天用半干毛巾擦拭，顽固污渍用去污粉去除，到目视无灰尘、无粘物。物品摆放整齐，不杂乱。

(4) 购物篮、购物车内的杂物随时清理。购物车每周清洁一次，购物篮每天清洁一次。

(5) 检查挂通和层板，对缺货位置要及时补货，暂不能补齐的货物应马上调整展示位置。

二、商品卫生

（1）营业前和营业后商品要全面整理两次，使商品摆放整齐；营业期间，发现商品摆放凌乱应及时整理。

（2）营业前及上货时仔细检查商品外表，对于可擦拭商品，发现污渍、灰尘立即用半干毛巾擦干净。

（3）平时保持商品标价签、标价签卡座、卡条清洁整齐，发现卷边、残旧、破损应立即更换。

（4）整理货品，把货品分类，并根据货品的种类、特点进行相应的展示和恰当的陈列。

（5）及时更换 POP，及时悬挂吊旗，随时更换海报，新款上市要张贴好宣传图片和价码。

第 2 节　商业服务活动的安全要求

一、商业企业安全生产责任制

贯彻落实《中华人民共和国安全生产法》和《中华人民共和国道路交通安全法》以及地方性的生产法规的有关规定，加强企业安全生产监督与管理。“以安全第一，预防为主”与“谁主管、谁负责”的方针，维护企业的财产安全及员工的人身安全。

首先，企业正职领导为企业的安全生产第一责任人，对企业安全生产负全面领导责任，负责制定本企业的各项安全生产规章制度，并每年与每岗位责任人签订安全生产责任书，组织检查本单位的安全生产执行情况。

其次，主管企业安全工作的副职为安全生产的第二责任人，负直接领导责任，负责本单位的安全生产事故隐患排查整改监督责任。建立健全并督促落实安全生产责任；组织制定并督促落实安全生产规章制度和操作规程；负责对本单位全体职工的安全生产知识进行培训；保证安全生产设施齐全有效；定期研究解决企业安全生产存在的问题；督促、检查安全生产工作，及时消除安全生产事故隐患；组织制定并实施安全生产事故应急救援预案，并定期（每年不少于两次）组织员工进行应急预案的启动演练；及时、如实报告安全生产事故。

各科室、商品部主任是安全生产直接责任人，负责所管辖区域的安全生产事故隐患排查整改监管责任；组织员工学习有关安全法律、法规，特别要加强引厂进店人员的安全培训，做到先培训后上岗；保护好安全设施与设备，做到齐全有效；保证所管辖区内安全出口的畅通，疏散通道符合规定的要求，消火栓不得围挡占用，安全标志不遮挡，做到每名员工都熟悉、了解并掌握企业防火、防盗设施、设备的分布与使用方法；熟练掌握企业重大事故和突发事件应急预案的内容与责任分工。

员工及信息员要积极参加企业安全生产培训，掌握和了解企业的防火、防盗设备的分布情况和使用方法；要会报警、会疏散顾客、会逃生与自救；要遵守单位的各项安全生产制度；熟悉企业重大事故和突发事件应急预案的内容与责任分工。

二、日常经营安全常识

（1）商业企业经营单位应当在每日营业开始前和结束后，对营业区域进行全面安全检查；营业期间每 2 小时至少进行 1 次安全巡查。检查和巡查应当做好记录。

（2）商业企业经营单位设置的电源线路应当符合国家标准或者行业标准，临时用电线路应当采取有效防护措施，电气设备应当安装漏电和过载保护装置。

（3）商业企业经营单位应当保证安全出口的畅通，不得封闭安全出口或者放置商品等堵塞安全出口，安全出口处不得设置门槛。

（4）营业区域内的安全出口和疏散通道及其转角处应当设置发光疏散指示标志。指示标志应当能够在断电且无自然光照明时，指引疏散位置和疏散方向。

（5）营业区域内应当设置主要疏散通道和辅助疏散通道。主要疏散通道应当直接通向安全出口，其宽度不得小于 2.4 m；辅助疏散通道的宽度不得小于 1.5 m。疏散通道内不得设置摊位或者堆放货物。

（6）营业区域内落地式的玻璃门、玻璃窗、玻璃墙应当设置安全警示标志。安全警示标志应当明显，保持完好，便于公众识别。

（7）监控设备按照正确的开机程序打开，监控设备已调整好角度的屏幕不得再随意调动。

（8）营业区内货梯应由专人开启、关闭，不得超载。

（9）营业区内自动扶梯要保持清洁，不得将杂物扔在扶梯上，如发现扶梯有异常应及时通知管理人员。

（10）营业结束时，要检查关好门窗、防火门，断电源。

三、售货设备安全常识

1. 收银 POS 机的安全使用

（1）收银 POS 机由收银员负责日常使用及管理。

（2）每天必须清洁收银机及其外围相关设备。

（3）计算机部人员对收银 POS 机的键盘、打印机、内壳进行清洁，每月不少于一次。

（4）开机时须先打开不间断电源（UPS），再开启主机电源；关闭时必须先退出收银系统，关闭主机电源，再关闭 UPS，盖上防尘罩。

（5）不能用力敲击键盘、随意转动客户屏，造成客户屏数据线松动或扭断。

（6）不能在收银 POS 机上放置物品，周边不得放置液态物品，以防液体浸入机身。

（7）当收银 POS 机不小心浸入液体时，须立即切断电源，通知计算机部人员到场处理。

（8）严禁频繁开启和关闭收银机，未经计算机部人员同意，不能随意搬动和拔插收银机后盖的电源线、数据线。

（9）出现故障时，立即通知计算机部人员到场解决，并尽量保护故障现场。

（10）相关设备损坏时，马上通知计算机部驻店人员，并将损坏部分交还计算机部。

2. UPS 的安全使用

（1）保持 UPS 外壳的洁净，严禁把 UPS 放置于潮湿的地方，严禁在 UPS 上及使用中的 UPS 外围放置物品。

（2）开启设备之前应先开启 UPS，关闭 UPS 之前应先关闭计算机设备。

（3）在开启或使用 UPS 时如听到警报声及非正常声音，须立即通知计算机部值班人员。

（4）在带电的情况下严禁搬动 UPS 和拔插 UPS 上的电源线。

（5）不能在 UPS 上接与收银无关的设备，禁止超负荷运行。

（6）未经计算机部人员许可，严禁以任何理由打开机壳。

（7）使用中，UPS 电源一旦短路，必须立即切断电源，并通知计算机部值班人员到场处理。

3. 计算机的安全使用

（1）计算机必须保持清洁卫生，摆放整齐，未经许可，不得随便移动、私自拆卸及野蛮操作。

（2）严禁随意删除计算机内的各种软件、数据或随意使用外来软件等，确因工作需要应报计算机部批准检查后方可进行。

（3）严禁随便修改计算机设备的设置，如系统配置、口令、IP 地址等；禁止撕毁计算机设备外的标志性文字、封条等。

（4）严禁利用网络异地传输大批量和大型图形文件，使用他人的用户名及密码，利用计算机及网络设备泄露公司资料。

（5）在一台计算机上不能开多个用户窗口，操作人员离开时，必须退出应用程序。

（6）开关计算机必须按以下顺序进行：使用计算机时，应先开 UPS，再开外围设备（打印机、显示器等），最后开计算机主机电源；工作结束后，先退出所有的应用程序，再退出操作系统，关主机电源，关外围设备电源，最后关 UPS 计算机。

（7）若计算机出现故障，要立即通知计算机部，严禁自行维修。

4. 条形码扫描仪的安全使用

（1）台式条形码扫描仪（见图 6—1）的安全使用

1）保证台式条形码扫描仪的位置摆放正确。

2）接通电源后，绿色指示灯亮，内置马达高速旋转，听到连续的“嘟”声，并产生垂直向上、纵横交错的激光网，表示扫描仪正常工作。

3）扫描商品条形码时，应注意条形码是否有断码、变色、模糊等现象，若商品条形码正常，应将商品条形码朝下，顺箭头方向扫入，听到“嘟”一声响，表示条形码信息已被正确输入。

4）扫描仪待机时，应用盖板遮住扫描窗口。

5）若出现扫描仪面板上红灯亮，扫描商品时听不见“嘟”一声响或扫描条形码后无商品资料显示等现象，应立即通知计算机部驻店人员。

6）平常注意避光避灰尘，保持扫描窗口表面清洁。

7）非工作时间须切断电源。

（2）手持式条形码扫描仪（见图 6—2）的安全使用

1）开机前，先检查设备连接端子是否插在正确位置。

2）如有异常现象（如扫描仪亮红灯，开机或扫描条形码无“嘟”的一声，商品信息无法输入等），须及时与计算机部人员联系。

3）接通电源后，扫描仪绿色指示灯亮，同时听到“嘟”一声响，即表示扫描仪处于待机状态。

图 6—1　台式条形码扫描仪

图 6—2　手持式条形码扫描仪

4）使用时应注意商品条形码是否有断码、变色、模糊等现象。

5）扫描商品时，手握扫描仪手柄，将扫描窗口对准商品条形码，商品条形码与扫描仪之间的距离不超过 30 cm。

6）扫描仪发出“嘟”的声响，表示商品条形码已被识别输入。

7）待机时，需将手持扫描仪小心放置于托架上；收银台关闭时，也需切断电源。

8）平常要保持扫描仪表面清洁，轻拿轻放，严禁摔碰。

5. 信息电视的安全使用

（1）信息电视由计算机部人员负责日常操作及管理。

（2）信息电视主要用于播放促销信息、商品广告、公告及新闻、娱乐节目。

（3）营业开始前必须开启信息电视，信息电视必须保证图像清晰。

（4）信息电视出现黑屏、图像模糊、变形等现象时，须立即通知计算机部人员修理。

（5）各业务部门因工作需要，需在信息电视上播放信息，应提前向有关部门申请，获批准后，将要播放的内容以文本、图片或光碟的形式传计算机部编辑后播放。

（6）营业结束后必须关闭信息电视。

6. 电子秤的安全使用

（1）电子秤的放置要平稳，使用前要调平，使用时要先打开总开关，再打开秤面开关，观察机器自检状况是否正常。

（2）对托盘及待称的商品应注意轻取轻放，注意电子秤的卫生，需经常清洁。

（3）严禁擅自对电子秤进行调节，更不能更改其任何设置。

（4）装卸打印标签时，必须正确操作。

（5）营业结束后，按照先秤面开关，后总开关的顺序将电子秤电源关闭，电子秤应根据国家的规定进行年审。

（6）计量器具合格证要保存完好，不能丢失，并定期到有关部门进行核检。

7. 垫板的安全使用

（1）用垫板运载商品时，商品不得超出垫板范围，商品重量在垫板上应分布均匀，且四周至少应留出 1～2 cm。

（2）垫板应轻取轻放，禁止从车上、货架上往下扔；要经常检查垫板的使用状况，不允许有钉子凸起或脱落，不能使用的立即报告班组长安排维修。

8. 促销车的安全使用

（1）促销车上摆放的商品重量严禁超过促销车额定载重量。

（2）供应商使用的促销车应在指定的促销位置。

（3）每次使用完促销车，由使用人清洁后方可收回，收回的促销车要存放在指定位置，由行政部负责保管、清理及维护。

（4）定期对促销车的零部件进行检查，发现有问题应及时检修。

9. 购物车（篮）的安全使用

（1）还原人员应在顾客使用后，及时将购物车（篮）还原到指定位置。

（2）还原人员应每天检查购物车的使用状况，清除车轮上缠绕的异物。

（3）营业结束后由防损员负责清点购物车（篮）数量，如有丢失，由当班防损员负责赔偿。

（4）定期对购物车（篮）进行检查，发现有问题应及时修理。

四、现金、票据安全常识

（1）每日营业终了，要按规定将周转金和销货款锁入钱盒，存入财务室，营业现场一律不准存放现金和支票。

（2）要妥善保管好现金、支票、购物凭证、结算印章、收款设备。

（3）营业员收到支票后，要认真审核真伪，然后按规定填写支票，凡因支票填写有误，出现退换支票问题，由营业员本人负责，造成损失的营业员负赔偿责任。

（4）公司因业务需要存取款及向银行送款，由主管会计指派专人负责。财务部工作人员轮换上岗，执行一岗双人负责制。

（5）当班人员必须两人同时坚守在岗，提前做好存取款、送款的准备工作，必须乘坐公司专用车辆护送到银行，履行完必要手续后一同返回公司。

（6）认真、及时、准确地做好凭证的制单工作，保证现金账日清日结。

（7）执行现金、银行存款管理制度和收支结算纪律。

（8）认真、及时、准确地做好每一张凭证，保证凭证的字迹清楚，数字准确。

（9）如发现错误的凭证，要及时查找原因，严格按会计制度规定的方法进行更正。

五、高档贵重商品安全管理制度

（1）高档贵重商品是指黄金、珠宝、手表、照相器材及体积小、价值高、易切换、易失窃的各类商品。

（2）贵重货物的购进必须有固定专人专车，需要有保安人员同行护卫。

（3）送货必须在指定地点验收，收货时，必须当面清点，双人复核，然后登记签名。

（4）日营业结束后，高档贵重商品须全部存入专柜或保险柜，并使用暗码锁，钥匙由专人保管，不得留在现场。

（5）经营高档贵重商品的营业员，不准向无关人员透露商品的经营管理情况。接待顾客时，必须精力集中，中途不准换人接待，确需换人时要交代清楚。

（6）小件高档贵重商品一律设专库专柜存放，库内建账，专库应安装防护栏等设备，专柜应贴防砸膜。

（7）任何人不得以任何理由借用、试用高档贵重商品，凡发生借用、试用的，由当事人承担损失责任。

第 3 节　突发事件处理

一、突发事件的类型

商业企业在经营过程中一般会遇到的突发事件主要包括以下几种类型：

（1）火灾。有一般火灾和重大火灾之分。

（2）恶劣天气。指台风、暴雨、高温等天气。

（3）人身意外。指顾客或员工在营业场所内发生的人身意外。

（4）停电。指没有任何预先通知下的营业时间内的突然停电。

（5）抢劫。指匪徒抢劫收银台的金钱。

（6）示威或暴力。指由政治性原因等引起的游行示威行动，以及匪徒的暴力行为。

（7）骚乱。

（8）爆炸物。指卖场内部发现可疑物或可疑爆炸物。

（9）威胁（恐吓）。指商场收到信件、电话等威胁或恐吓。

二、突发事件处理小组组成与紧急计划制订

突发事件多属于意外事件，因此情况紧急，处理时需要专业知识，所以必须预先成立紧急应变小组，对人员进行有组织的分工和训练，真正做到对突发事件有准备、有预防，这样在事故发生时，才能够迅速、有效、有重点地进行灾中、灾后的抢救处理工作，将损失降到最低程度。

1. 突发事件处理小组岗位说明

（1）总指挥

总指挥由店经理担任，负责指挥、协调救灾现场的作业，掌握全局事态的发展动向，并及时向总部汇报事态发展的状况和解决处理的结果。

（2）副总指挥

副总指挥由安全部经理或主管担任，协助店经理指挥、执行各项任务，负责对外报案及内外通信联络，负责切断所有电源，实施临场全面的救灾工作，控制灾情的进一步扩大。

（3）救灾组

救灾组组长由消防组组长担任，主要负责各种救灾设施和器材的现场分发、使用，水源的疏导，障碍物品的拆除。现场指挥灭火，配合消防人员抢救人员和物资等。组员主要由消防组员、义务消防员、工程人员等组成。

（4）人员疏散组

人员疏散组组长由运营经理担任，组员有广播员、理货员、安全员等。

播音：广播员要及时广播店内灾情的发展状况，语音沉着，语速和平常一样，不能过分紧张，否则可能导致局势难以控制。

打开通道：安全员要尽快打开所有安全门、紧急出口以及收银通道。

疏散人员：要迅速疏导顾客从安全门出去，正确引导人流进行分流，避免人员过多从一个出口疏散而导致拥挤或发生事故。

防盗：安全员要警戒灾区四周，防止他人趁机偷盗商品。

（5）财物抢救组

财物抢救组组长由安全主管或经理担任，副组长由收银主管担任，主要负责抢救收银机和现金室的现金，计算机中心的重要文件、软盘和计算机设施等。

收银区域：收银员立即关上收银机，将现款交给抢救组组长带离现场。现金室人员迅速将所有现金、支票、有价证券放入保险皮箱内，由收银主管和安全主管共同带离现场。

计算机中心办公室：计算机部员工应将重要文件、磁盘、设备等带离现场进行保管。

（6）医务组

医务组组长由资深安全员担任，组员需经过必要的急救知识培训，熟知卖场内所有药箱分布的位置，能配合医务人员进行伤患抢救和紧急医护。

2. 紧急计划制订

紧急计划是安全工作的重要组成部分，是以书面形式制订的防备各种潜在紧急情况发生的预备方案。计划包括紧急小组的成立和人员名单，各个岗位的具体责任和任务，发生各种情况的处理程序，发生紧急事件时可以提供援助的机构或可以求援的机构组织等，紧急情况下的通信联系，紧急设备的维护等，重点如下：

（1）紧急事件小组的各分组负责制度和各分组员工岗位责任制度。

（2）事件发生后发出各项指令的指挥中心的地点、人员。

（3）新闻发布的规定。

（4）各种紧急状况的处理程序。

（5）具备各种特长员工的名单、联系电话和常住地址，包括急救员、人工呼吸救助者、电工、机械工等。

（6）设备的维护和配备情况（紧急照明、备用发电机、备用排水泵、无线电对讲机等）。

（7）紧急情况下的通信，包括店内人员、消防队、公安局、红十字会、就近医院等的联系方式。

三、各类突发事件的处理原则

1. 预防为主，计划为先

做好日常的安全工作，消除隐患，减少紧急事件的发生。

2. 处理迅速、准确、有重点

发生紧急事件后，首先保持镇静，有序组织事件的处理，安排事情要责任分明，岗位明确，反应迅速，一切行动听从指挥，随时调整策略以应对情况的变化。

3. 以人为先，减少伤亡，降低损失

人的生命是最珍贵的，因此所有救援工作的首要任务是保全和抢救人的生命，其次才是财物损失的减少。

四、各类突发事件的处理方法

1. 火灾的处理

（1）火灾的级别

火灾有一般火灾和重大火灾之分。根据实际情况，暂定三种火灾级别：一级火灾，即有烟无火；二级火灾，即有明火初起；三级火灾，即火灾从时间和空间上难以控制。安全部接到报警后，根据现场情况判断火灾的级别，进行相应的处理。

（2）火灾的报告

1）任何工作人员发现火情，都应该向安全部控制中心报警。

2）拨打安全部的内部紧急电话或报警电话，如附近无电话、对讲机等通信设备，应迅速赶到就近的消火栓，按动消火栓里的红色手动报警器向控制中心报警。

3）报警时应说明发生火灾的准确区域和时间，燃烧的物质，火势大小，报警人的姓名、身份以及是否有人员受伤等。

（3）火灾的确认

控制中心接到消防报警信号后，立即确认报警区域，派两名安全员迅速赶到现场查看，迅速对火警的级别进行确认，一人留现场进行救火指挥工作，如组织人员使用现场消防器材进行扑救。如能将火扑灭，要保留好现场，等候有关部门或负责人的到来；另一人则立即通知工程部等相关部门。

如系误报，应及时做技术处理，通知控制中心将机器复位；如系捣乱谎报火警，通知控制中心将机器复位，并报告安全部查找有关人员。

（4）灭火程序

1）通知店经理后，立即拨打“119”电话报警。

2）控制中心接到消防警报后，应迅速赶到安全部，立即按“紧急事件处理小组”的编制，确定行动方案，快速行动，各司其职。

3）各个部门在完成各自的职责后，要服从紧急事件“处理小组”的统一指挥和调配，协同配合，进行灭火、疏散、救助工作。

①安全部应迅速启动自动喷淋灭火系统，关闭非紧急照明和空调，开启排烟风机，疏通所有安全门和消防通道，启动火警广播，组织人员有秩序地进行疏散、灭

火、财产抢救、伤员救助等工作。

②系统第二次报警后，安全部人员守住门口，人员一律不准进入火灾现场，除非有消防人员的许可。

③安全部指派人员维持卖场周围广场的秩序和保持道路通畅，到指定地点引导消防车辆进入。

④工程部赶赴现场进行工程抢险，对配电房、中心机房、消防泵房等重点部位，实行监控和必要的措施。

⑤人员疏散应由指挥中心统一指挥，管理人员要协助维持秩序，疏散顾客安全撤离到安全区域。

⑥现金室和收银主管立即携带现金、支票撤离到安全区域，尽量避免财产的损失。

⑦计算机中心人员要保护好重要文件、软件、设备，迅速撤离到安全区域。

⑧总务行政等后勤人员备好车辆供抢险小组用，有条件的将毯子、枕头等救护物品准备好，供抢救伤员用。

4）火灾扑灭后，安全部要检讨消防系统的运行情况，迅速查访责任人，查找火灾起因；工程部协助从技术角度查找火灾起因，通过对机器、数据、资料等进行检查、收集、分析，由消防安全调查人员撰写正式报告，并根据财产和人员的伤亡情况，计算损失，迅速与保险公司取得联系，商讨有关赔偿事宜。

5）制订灾后重新开业的工作计划和方案。

2. 热带风暴等恶劣天气的处理

安全部必须每日关注天气情况，不仅是为了防范恶劣天气带来的灾害，更是提高服务质量，关注销售的一种体现。一般的恶劣天气，通过气象部门预报的预警信号来体现。现以热带风暴为例介绍恶劣天气的处理程序。

热带风暴通常伴随着台风和暴雨，在接到热带风暴预报后，应做如下工作：

（1）准备工作

1）将天气预报的告示在员工通道或饭堂等明显位置贴出。

2）检查户外的广告牌、棚架是否牢固，广告旗帜、气球是否全部收起。

3）检查斜坡附近的水渠是否通畅，有无堵塞。

4）撤销广场外的促销活动展位，收起供顾客休息的太阳伞。

5）准备好雨伞袋和防滑垫，在暴雨来临时使用。

（2）现场处理

1）门口分发雨伞袋，铺设防滑垫，入口出口门关闭一半。

2）保证排水系统良好通畅，下水道不堵塞。

3）密切注意往低洼处进水的区域，将商品或物件移走，以防止水灾造成财产损失。

3. 人身意外事故的处理

人身意外事故指顾客或员工在卖场内发生的人身意外，包括意外事故伤害、一氧化碳中毒、电击以及因个人健康问题导致的突发性晕厥、休克等事件。

（1）发生意外时，要第一时间进行报告，顾客发生意外要报告客服经理、安全主管，员工发生意外要报告该部门管理人员、安全主管，并办理工伤处理程序中的相关手续。

（2）如顾客有晕倒、突发病发生，应立刻通知相关人员进行必要的急救处理，尤其是老年人、残疾人、孕妇及儿童，并迅速拨打“120”急救电话，叫救护车，由店内人员送顾客到医院就医。

（3）如属意外伤害、重大伤害时，员工应立即到医院就医，顾客应在客服经理的陪同下立即到医院就医，情况及时上报店经理和总部，以便更好地处理善后赔偿事宜。

4. 营业时间内突然停电的处理

（1）停电

1）立即启用备用发电机，保证店内照明和收银区的作业。

2）只能使用紧急照明、手电筒，不能使用火柴、蜡烛和打火机以及任何明火。

3）如收银机不能运转，收银员应立即将收银机抽屉锁好，并坚守岗位。

4）收货部停止收货。

5）现金室停止工作，现金全部入金库锁好。

6）安全员立即对卖场的进口、出口进行控制，在暂时不知道停电时间的长短时，可先劝阻顾客暂不进入。

7）启动广播，安抚顾客，管理人员协助安全部维持现场秩序，避免发生混乱和抢劫等，如需要停业关店的，则进行顾客疏散工作。

8）生鲜部限量加工商品，所有电力设备做关闭电源处理，所有冷库立即封门，如时间过长，陈列冷柜中的商品要移入冷库中保存。

9）所有人员坚守岗位，各部门管理层要派人员对本区域内的零散商品进行聚集处理。

10）工程部应立即询问停电原因及停电时间长短，店经理根据实际情况决定是否停止营业。

（2）来电

1）全店恢复营业，各部门优先整理顾客丢弃的零星商品，并将其归位。

2）生鲜部门检查商品品质，将变质商品立即从销售区域撤出，并对损失进行登记、拍照等。

5. 匪徒抢劫收银台的处理

（1）收银员应对措施

1）保持冷静，不要做无谓的抵抗，尽量让匪徒感觉你正在按他的要求去做。

2）尽量记住匪徒的容貌、年龄、衣着、口音、身高等特征。

3）尽量拖延给钱的时间，以等待其他人员的救助。

4）在匪徒离开后，第一时间拨打“110”电话报警。

5）立即凭记忆用文字记录，填写“抢劫叙述登记表”。

6）保持好现场，待警察到达后，清理现金的损失金额。

（2）安全员应对措施

1）发现收银员被打劫时，趁匪徒不注意，第一时间拨打“110”电话报警。

2）遇持有枪支和其他武器的匪徒，要保持冷静，不要与其发生正面冲突，在确认可以制胜时，等待时机将匪徒擒获，尽量记住匪徒的身材、衣着以及车辆的牌号、颜色、车款等。

3）匪徒离开后，立即保护现场；匪徒遗留的物品，不能触摸。

4）匪徒离开后，将无关的人员、顾客疏散离场，将受伤人员立即送医院就医。

5）不允许外界拍照，暂时不接待任何新闻界的采访。

6. 示威或暴力的处理

（1）将进出口处大门关闭，卖场停止营业。

（2）阻止示威者任何强行进入店中的行为，以避免发生抢劫事件。

（3）立即报警，等待警力控制场面之前，不要做任何有可能激化矛盾的决策。

（4）保持冷静和沉默，对示威者的问题不作回答或发表意见。

（5）密切注意示威者使用暴力，如张贴标语，投掷鸡蛋、石块，甚至纵火，破坏建筑设施等行为。

7. 骚乱的处理

（1）如发现卖场内有人捣乱，应立即通知安全员到现场制止。

（2）阻止员工和顾客围观，维持现场秩序。

（3）拨打“110”电话报警，将捣乱人员带离现场，必要的送交公安机关处理。

（4）对捣乱人员造成的损失进行清点，由警察签字后做汇报，如有重大损害要通知保险公司前来鉴定，作为索赔的依据。

（5）发现顾客在店内打架，应立即拨打内部电话，通知安全员到现场制止。

（6）不对顾客的是非进行评论，保持沉着、冷静，要求顾客立即离开。

8. 发现可疑物或可疑爆炸物的处理

（1）发现可疑物后，立即汇报管理层（总经理、值班经理或安全部经理）。

（2）经店经理或在场最高负责人许可后，立即拨打“110”电话报警。

（3）不可触及可疑物，画出警戒线，不许人员接近。

（4）疏散店内人员和顾客，并停止营业。

（5）静待警方处理直至危险解除，再恢复营业。

第4节　商品防损

一、商品损耗的原因

商品损耗包括有明显的损坏并且不能出售或折价出售的商品（促销商品不在此内），丢失的商品，以及由于商品品质等原因售出后，被顾客退换回来的商品等。具体如下：

1. 包装等损坏导致变质

包装等损坏导致变质是由于包装破损且不可重新包装而导致商品变质无法销售。

2. 运输损坏商品

运输损坏商品是在运输过程中损坏，在收货验收过程中未被发现的破损商品。因此，在收货过程中应认真仔细地检查。

3. 商品验收错误损害商品

商品验收错误损害商品是在对供应商或配送中心送来的货物进行验收过程中，验货错误以致造成商品损耗，或者是收货搬运造成商品损坏。因此，在验收货物时，要严格按照程序操作。

4. 商品陈列方法不当造成损耗

商品陈列方法不当造成损耗是指商品在店面陈列过程中，由于陈列方法不当引起的商品损耗，如放置的位置不佳引起倒塌，或被过往顾客的推车碰撞而引起的损坏。因此，要科学合理地陈列商品。

5. 由于小偷行窃而造成的损耗

商品开架售货给顾客带来方便的同时，也给一些不法分子带来可乘之机，一些小偷在商店行窃，给经营者带来的商品损失往往是难以估量的，这是商品损耗很重要的一个原因，因而必须高度重视。

6. 收银员商品扫描错误造成的损耗

这是由于收银员业务不熟练或不按程序要求操作，使顾客购买的商品漏扫描造成的损耗，因此收银员应遵循“取货—扫描—查看—包装商品”的程序。

7. 内外偷窃

这种现象也不少见，少数员工经不住钱物的诱惑，或单独作案或内外联手作案行窃。因此，在平时就应做好防患于未然的思想准备，具体包括：

(1) 健全管理制度，加强安全监督检查，不给少数不良员工可乘之机。

(2) 招聘员工应严格审查，检查员工出示的各种证件是否真实，要建立担保制度。

(3) 在员工的培训与平时的管理过程中应加强对员工的法制教育。

(4) 经常检查一些重点部门的安全制度是否严格遵守执行。

8. 防盗硬件设备不配套造成的损耗

防盗硬件设备不配套，对卖场商品监管不力，也是造成商品损耗的原因之一。

二、商品防损措施

1. 商品损耗控制的基本措施

(1) 对高损耗的商品进行定期连贯的盘点。

(2) 制定所有店内商品的盘点策略，盘点的目的是核对计算机里的库存量和商店里实际库存量是否一致。

(3) 运用“三米问候”(营业员的距离与顾客 3 m 远时要主动打招呼) 防止偷窃。发现有小偷欲行窃时，若能主动向其问候，可以起到警示作用，使小偷明白有人注意他了，因而终止行窃。

(4) 每隔 2～4 周扫描检查卖场所有的商品，查看是否有短缺损耗，做到心中有数。

2. 商品陈列区域控制的措施

(1) 摆放区域是否标准。

(2) 陈列区域是否标准。

（3）商品货架摆放是否标准与安全。

（4）是否按先进先出原则摆放，如食品、电池、胶卷等。

3. 收银程序控制的措施

（1）按照拿—扫—查—装的收银程序收银。

（2）照顾到每位顾客，注视对方，微笑问好。

（3）注意购物车底部。

（4）包装封口。

（5）检查隐藏商品，必要时开箱检查，但要注意态度友善。

（6）防止偷换条形码。

（7）注意商品的销售单位。

（8）对未进入收银系统中的商品、扫描价格不一致的商品，是否销售、如何销售需请示相关管理人员。

（9）填写条形码问题表，及时反馈解决。

（10）识别各种假钞。

（11）会使用各种银行卡。

三、残损商品的处理

残损商品是指在流转过程发生破损、短缺质次、超保质期而不能正常销售的商品。商品销售量大，残损商品也随之增多。残损商品的管理好坏，影响商场的费用及利润，而且也是衡量商场管理水平的一项重要尺度。

1. 残损商品处理原则

（1）包装残损仍可食用或有使用价值的商品，经整理后可以上架销售的，应立即整理封口，继续上架销售，以减少商品损耗。

（2）凡质次、假冒伪劣、“三无”的商品，供货商运输造成破损、短缺和临近保质期的商品，均应办理退调。

（3）可以向供货商退换的损残商品，由配送中心或卖场及时分类装箱，由专门人员负责办理退换。

（4）对不能退换的损残商品，根据规定的权限，分别作削价或报废处理。严格执行残损商品的审核、申报、处理程序，并适当使用处理权限，避免在处理残损商品时给公司造成二次损失。

2. 残损商品的范围

（1）按种类分

有破损、短缺、质次、标志不全、变质、计量不足、假冒伪劣、“三无”、超保质期、不能食用等商品。

（2）按流转环节分

有进卖场前（包括采购部下订单、进配送中心、进卖场内仓）商品和进卖场后商品（上架前和上架后）两部分。

（3）按残损程度分

有可以退换和不可以退换商品，可以降价销售和不可以降价销售商品。

3. 残损商品处理职责

按商品流转环节，残损商品发生在哪个流转环节，就由哪个部门（包括采购部、配送中心、卖场）负责处理。

（1）采购部负责处理

质次、假冒伪劣、“三无”商品，进配送中心三天内发现的破损、短缺、变质、超保质期、临近保质期商品由采购部负责退调、削价、报废处理，并承担经济损失责任。

（2）配送中心负责处理

商品送至卖场，验收时发现的残损、短缺、质次商品，储存过程中发现的残损和临近保质期商品，商品送至卖场内仓后三天之内发现质次、超报警线的商品由配送中心负责退调和报损，并承担经济损失责任。

（3）卖场店面部门负责解决

直送商品流转过程中的残损商品，上架后的破损、短缺商品，上架前后超保质期和变质商品，上架前后人为造成的破损和无使用价值商品，商品售后发现的变质或不能食用、不能使用商品由卖场店面部门负责退调、削价、报废处理，并承担经济损失责任。

第7章 相关法律法规知识

第1节 劳动法相关知识

劳动法，是调整劳动关系以及与劳动关系有密切联系的其他社会关系的法律规范的总称。

一、《劳动法》的适用范围

《劳动法》规定，在中国境内的企业、个体经济组织（以下统称为用人单位）和与之形成劳动关系的劳动者，适用《劳动法》。国家机关、事业组织、社会团体和与之建立劳动合同关系的劳动者，也依照《劳动法》执行。

二、劳动者的权利和义务

1. 劳动者的权利

《劳动法》规定的劳动者权利主要有：平等就业和选择职业的权利，取得劳动报酬的权利，休息休假的权利，获得劳动安全卫生保护的权利，接受职业技能培训的权利，享有社会保险和福利的权利，提请劳动争议处理的权利，依法参加和组织工会的权利，参与民主管理、进行平等协商的权利。

2. 劳动者的义务

劳动者在享受权利的同时，必须履行法定的各项义务。包括：劳动者应当完成劳动任务，提高职业技能，执行劳动安全卫生规程，遵守劳动纪律和职业道德。

三、用人单位的权利和义务

1. 用人单位的权利

用人单位的主要权利为：企业自主用人、自主分配生产任务和工作任务，自主分配工资或分配劳动报酬，自主制定规章制度，非过失性辞退职工。

2. 用人单位的义务

用人单位的主要义务为：支付劳动报酬，提供劳动保护条件，兴办集体福利事业，保障劳动者享有的劳动权利。

此外，用人单位禁止招用童工。《劳动法》规定，公民参与劳动法律关系必须年满 16 周岁并具有劳动能力，禁止用人单位招用未满 16 周岁的未成年人；如果是文艺、体育和特种工艺单位招用未满 16 周岁的未成年人，必须依照国家规定，履行审批手续，并保障其接受义务教育的权利。

四、工资

工资分配应当遵循按劳分配原则，实行同工同酬。

国家实行最低工资保障制度。用人单位支付劳动者的工资不得低于当地最低工资标准。

工资应当以法定货币形式按月支付给劳动者本人。不得克扣或者无故拖欠劳动者的工资。

五、劳动争议的处理

1. 劳动争议处理的原则

（1）合法、公正、及时处理的原则。

（2）依法维护劳动争议当事人的合法权益原则。

2. 劳动争议解决的方式和程序

用人单位和劳动者发生劳动争议，当事人可以依法申请调解、仲裁，提起诉讼，也可以协商解决。

劳动争议发生后，当事人可以向本单位劳动争议调解委员会申请调解；调解不成，当事人一方要求仲裁的，可以向劳动争议仲裁委员会申请仲裁。但调解不是必经程序，发生争议后，当事人也可以直接向劳动争议仲裁委员会申请仲裁。仲裁是必经程序。对仲裁裁决不服的，可以向人民法院提起诉讼。

如果在用人单位设立的调解委员会经调解达成协议的，当事人应当履行。

第 2 节　消费者权益保护法相关知识

消费者权益保护法，是指调整在保护消费者权益过程中发生的社会关系的法律规范的总称。具体讲，是有关保护消费者在购买、使用商品或接受服务时应享有的合法权益的法律规范。

一、消费者的概念

消费者，是指为了满足个人生活消费的需要而购买、使用商品或者接受服务的居民。此处的居民是指自然人或称个体社会成员。

从《消费者权益保护法》的规定中可以看出，消费者具有以下法律特征：

第一，消费者所从事的消费活动属于生活消费。

第二，消费者消费的客体既包括商品也包括服务。

第三，消费者的消费活动表现为购买、使用商品和接受服务。

第四，消费者主要是指个人消费者。

此外，农民购买、使用直接用于农业生产的生产资料，其权益也受《消费者权益保护法》保护。

二、消费者的权利

消费者权利作为一种基本人权，是生存权的重要组成部分。《消费者权益保护法》专门规定了消费者的权利，包括以下内容：

1. 保障安全权

安全权是指消费者在购买、使用商品和接受服务时所享有的人身、财产安全不受损害的权利。安全权是消费者的首要的基本权利。它包括消费者人身安全权和财产安全权两项内容。

2. 知悉真情权

知悉真情权也称获取信息权，即消费者享有知悉其购买、使用的商品或者接受的服务的真实情况的权利。这一权利包含两方面的内容：

（1）消费者享有知悉商品或服务真实情况的权利。

(2) 消费者享有知悉商品或者服务具体情况的权利，具体情况的范围包括：商品的价格、产地、生产者、用途、性能、规格、等级、主要成分、生产日期、有效期限、检验合格证明、使用方法说明书、售后服务，或者服务的内容、规格、费用等有关情况。

3. 自主选择权

自主选择权是指消费者享有自主选择商品或者服务的权利，它有助于在消费领域中实现消费者与经营者地位的真正平等。该权利包括：消费者有权自主选择提供商品或者服务的经营者；自主选择商品品种或者服务方式；自主决定购买或者不购买任何一种商品，接受或者不接受任何一种服务；在自主选择商品或者服务时，有权进行鉴别和挑选。

4. 公平交易权

公平交易权是指消费者在购买商品或者接受服务时享有获得质量保障、价格合理、计量准确等公平交易条件的权利。为了保障消费者的公平交易权的实现，必须对劣质销售、价格不公、计量失度等不公平交易行为加以禁止。此外，消费者有权拒绝经营者的强制交易行为。

5. 依法求偿权

依法求偿权是指消费者因购买、使用商品或者接受服务受到人身、财产损害时，享有依法获得赔偿的权利。这是弥补消费者所受损害的必不可少的救济性权利。

6. 依法结社权

依法结社权是指消费者享有依法成立维护自身合法权益的社会团体的权利。消费者协会是我国最主要的消费者社团。

7. 获得知识权

获得知识权也称受教育权，是指消费者享有获得有关消费和消费者权益保护方面的知识的权利。消费知识是指有关商品、服务、市场及消费心理方面的知识，消费者权益保护知识是指有关的法律、法规的规定及消费争议解决途径等知识。

8. 受尊重权

受尊重权是指消费者在购买、使用商品和接受服务时享有其人格尊严、民族风俗习惯得到尊重的权利。

9. 监督批评权

监督批评权是指消费者享有对商品或者服务以及保护消费者权益工作进行监督

的权利。消费者的监督批评权包括检举权、控告权、批评权、建议权。

三、经营者的义务

经营者是为消费者提供其生产、销售的商品或者提供服务的市场主体，是与消费者直接进行交易的另一方，因此，明确经营者的义务对于保护消费者权益是至关重要的。依据《消费者权益保护法》第3章规定，经营者负有下列义务：

1. 履行法定或约定的义务

履行法定义务是指经营者向消费者提供商品或者服务，应当依照《产品质量法》和其他有关法律、法规的规定履行义务。履行约定义务是指在交易中，经营者和消费者有约定的，应当按照约定履行义务。但是应注意履行约定义务时不得违背法律、法规的强制性规定。

2. 听取意见和接受监督的义务

经营者应当听取消费者对其提供的商品或者服务的意见，接受消费者的监督。这是与消费者的监督批评权相对应的一项义务。

3. 提供安全商品和安全服务的义务

这是与消费者的保障安全权对应的经营者的义务，经营者履行该项义务，应当做到以下几点：

（1）经营者应当保证其提供的商品或服务符合保障人身、财产安全的要求。

（2）对可能危及人身、财产安全的商品或者服务，应当向消费者做出真实的说明和明确的警示，并说明和标明正确使用商品或者接受服务的方法，以及防止危害发生的方法。

（3）经营者发现其提供的商品或者服务存在严重缺陷，即使正确使用商品或者接受服务仍然可能对人身、财产安全造成危害的，应当立即向有关行政部门报告和告知消费者，并采取防止危害发生的措施。

4. 提供真实信息的义务

这是与消费者的知悉真情权相对应的一项经营者的义务。经营者应当向消费者提供有关商品或者服务的真实信息，不得作引人误解的虚假宣传。经营者对消费者就其提供的商品或者服务的质量和使用方法等问题提出的询问，应当做出真实、明确的答复。商店提供商品应当明码标价。

5. 标明名称和标记的义务

经营者应当按照下列要求来履行标明名称和标记的义务：

（1）经营者应当标明其真实名称和标记。

（2）租赁他人柜台或者场地的经营者应当标明真实名称和标记。

6. 出具相应的凭证和单据的义务

为了有利于解决经营者和消费者之间发生的纠纷，使其之间的交易行为有据可查，以确实保护消费者的权益，《消费者权益保护法》规定的经营者的这项义务有两方面的内容：

（1）经营者应当按照国家有关规定或者商业惯例向消费者出具购货凭证或服务单据。

（2）消费者索要购货凭证或者服务单据的，经营者必须出具。

7. 提供符合要求的商品或服务的义务

经营者应当保证在正常使用商品或者接受服务的情况下其提供的商品或者服务应当具有的质量、性能、用途和有效期限；但消费者在购买该商品或接受该服务前已经知道其存在瑕疵的除外。经营者以广告、产品说明、实物样品或者其他方式表明商品或服务的质量状况的，应当保证其提供的商品或服务的实际质量与表明的质量状况相符。

8. 承担“三包”责任及其他责任的义务

这项义务包括以下内容：

（1）经营者应当按照国家规定对商品承担“三包”责任。不能保证实施三包规定的，不得销售“三包商品目录”所列产品。

（2）经营者应当按照与消费者的约定承担对商品的“三包”责任。

9. 不得作不合理、不公平的规定的义务

为了保障消费者的公平交易权，经营者不得以格式合同、通知、声明、店堂告示等方式作出对消费者不公平、不合理的规定，或者减轻、免除其损害消费者合法权益应当承担的民事责任。经营者如作出上述规定，其规定的内容无效。

10. 尊重消费者的人身权的义务

消费者的人身权是其基本人权，消费者的人身自由、人格尊严不受侵犯。经营者不得对消费者进行侮辱、诽谤，不得搜查消费者的身体及其携带的物品，不得侵犯消费者的人身自由。

四、消费者权益争议解决的途径

消费者和经营者发生消费者权益争议，可以通过下列途径解决：

（1）与经营者协商和解。

（2）请求消费者协会调解。

（3）向有关行政部门申诉。

（4）根据与经营者达成的仲裁协议提请仲裁机构仲裁。

（5）向人民法院提起诉讼。

第 3 节　反不正当竞争法相关知识

反不正当竞争法是调整在制止不正当竞争行为过程中发生的经济关系的法律规范的总称。它是规范经营者的竞争行为，维护市场竞争秩序的基本法律。《反不正当竞争法》主要规范不正当竞争行为，也规范部分限制竞争的行为。

一、不正当竞争的概念

不正当竞争，是指经营者违反《反不正当竞争法》的规定，损害其他经营者的合法权益，扰乱社会经济秩序的行为。

不正当竞争具有以下特征：

第一，不正当竞争行为的主体是经营者。经营者是指从事商品经营或者营利性服务的法人、其他经济组织和个人。

第二，不正当竞争行为是违法行为。

第三，不正当竞争行为侵害的客体是其他经营者的合法权益和正常的社会经济秩序。

二、不正当竞争行为的种类

1. 假冒或仿冒行为

假冒或仿冒行为是冒充或不正当地利用其他经营者或商品的名称、注册商标、质量和产地标志等，致使与他人的商品发生混淆的行为。

2. 限购排挤行为

限购排挤行为是公用企业或者其他依法具有独占地位的经营者，为了排挤其他经营者而限定他人购买其指定的商品的行为。

3. 滥用行政权力的行为

滥用行政权力的行为是政府及其所属部门滥用行政权力，限定他人购买其指定的经营者的商品，限制其他经营者的正当经营活动，及限制外地商品进入本地市场或本地商品流向外地市场。

4. 商业贿赂行为

商业贿赂行为是经营者为争取交易机会，特别是为争得相对于竞争对手的市场优势，通过秘密给付财物或者其他报偿等不正当手段收买客户的负责人、雇员、合伙人、代理人和政府有关部门工作人员等能够影响市场交易的有关人员的行为如账外回扣等。

5. 引人误解的虚假广告宣传行为

虚假宣传行为是经营者利用广告或其他方法对商品的质量、制作成分、性能、用途、生产者、有效期限、产地等作引人误解的虚假宣传行为。

6. 侵犯商业秘密的行为

侵犯商业秘密的行为是经营者通过不正当的手段，违法获取、披露、使用或者允许他人使用权利人的商业秘密的行为。

7. 降价排挤行为

降价排挤行为是经营者以排挤竞争对手为目的，以低于成本的价格销售商品的行为。

8. 有下列情形之一的，不属于不正当竞争行为：

（1）销售鲜活商品。

（2）处理有效期限即将到期的商品或者其他积压的商品。

（3）季节性降价。

（4）因清偿债务、转产、歇业降价销售商品。

9. 搭售或者附加不合理条件行为

此行为是经营者违背购买者的意愿搭售商品或者附加其他不合理的交易条件的行为。如果购买者自愿接受经营者的搭售或附加条件，或者所附加的条件是合理的，不能被认定为不正当竞争行为。

10. 不正当的有奖销售行为

不正当的有奖销售是经营者违背法律规定进行有奖销售行为。《反不正当竞争法》规定，经营者不得从事下列有奖销售：

（1）采用谎称有奖或者故意让内定人员重奖的欺骗方式进行有奖销售。

（2）利用有奖销售的手段推销质次价高的商品。

（3）抽奖式的有奖销售，最高奖的金额超过 5 000 元。

11. 诋毁他人商誉行为

诋毁他人商誉行为是经营者捏造、散布虚伪事实，损害竞争对手的商业信誉和商品声誉的行为。

12. 通谋投标行为

通谋投标行为是投标者串通投标抬高标价或压低标价，或者投标者与招标者相互勾结以排挤其他竞争对手的行为。

三、违反《反不正当竞争法》的法律责任

《反不正当竞争法》规定，经营者违反该法规定应承担的法律责任有：

（1）给被侵害的经营者造成损害的，应当承担损害赔偿责任，被侵害的经营者的损失难以计算的，赔偿额为侵权人在侵权期间因侵权所获得的利润；并应当承担被侵害的经营者因调查该经营者侵害其合法权益的不正当竞争行为所支付的合理费用。

（2）经营者有假冒或仿冒行为的，监督检查部门应当责令停止违法行为，没收违法所得，可以根据情节处以违法所得1倍以上3倍以下的罚款；情节严重的，可以吊销营业执照；销售伪劣商品，构成犯罪的，依法追究刑事责任。

（3）经营者有商业贿赂行为，构成犯罪的，依法追究刑事责任；不构成犯罪的，监督检查部门可以根据情节处以1万元以上20万元以下的罚款；有违法所得的，予以没收。

（4）公用企业有限购排挤行为的，监督检查部门应当责令停止违法行为，可以根据情节处以5万元以上20万元以下的罚款。

（5）经营者的虚假广告宣传行为、侵犯商业秘密行为、串通投标行为，监督检查部门应当责令停止违法行为，可以根据情节处以1万元以上20万元以下的罚款。

第4节　广告法相关知识

广告是通过一定媒介向社会公众介绍商品、服务或传播其他信息的一种宣传方式。广告法就是调整在广告活动过程中所发生的各种社会关系的法律规范的总称。

一、《广告法》的调整对象和适用范围

1.《广告法》的调整对象

《广告法》所指的广告是商业经营者或者服务者承担费用，通过一定形式和媒介直接或间接地介绍自己所推销的商品或者所提供的服务的商业广告。不包括非商业广告，如公益广告等。

2.《广告法》的适用范围

《广告法》规定，广告主、广告经营者、广告发布者在中国境内从事广告活动，应当遵守《广告法》。

二、《广告法》的基本原则

1. 真实性原则

广告的真实性是指广告的内容必须真实，对商品、服务的介绍必须客观、真实、准确，不能含有虚假或引人误解的内容，不能欺骗和误导消费者。

2. 合法性原则

包括两个方面：一方面，参加广告经营活动的当事人必须是具有合法资格的经营者；另一方面，广告的内容和形式必须符合法律、行政法规的有关规定。

3. 文明性原则

广告应符合社会主义精神文明建设的要求，广告的内容和表现形式应积极、健康。

三、广告准则

为了切实保护消费者的合法权益，维护正当竞争秩序，《广告法》对于商业广告在内容及形式上都作出了明确的限制性规定。

1. 广告的一般准则

(1)《广告法》规定，广告不得有下列情形：第一，使用中华人民共和国国旗、国徽、国歌；第二，使用国家机关和国家机关工作人员的名义；第三，使用国家级、最高级、最佳等用语；第四，妨碍社会安定和危害人身、财产安全，损害社会公共利益；第五，妨碍社会公共秩序和违背社会良好风尚；第六，含有淫秽、迷信、恐怖、暴力、丑恶的内容；第七，含有民族、种族、宗教、性别歧视的内容；第八，妨碍环境和自然资源保护；第九，法律、行政法规规定禁止的其他情形。

(2) 广告不得损害未成年人和残疾人的身心健康。

（3）广告中对商品的性能、产地、用途、质量、价格、生产者、有效期限、允诺或者对服务的内容、形式、质量、价格、允诺有表示的，应当清楚、明白。广告中表明推销商品、提供服务附带赠送礼品的，应当表明赠送的品种和数量。

（4）广告不得贬低其他生产经营者的商品或服务。

（5）大众传播媒介不得以新闻报道形式发布广告。

2. 特殊商品广告准则

（1）药品、医疗器械广告不得有下列内容：第一，含有不科学的表示功效的断言或者保证；第二，说明治愈率或者有效率的；第三，与其他药品、医疗器械的功效和安全性比较的；第四，利用医药科研单位、学术机构、医疗机构或者专家、医生、患者的名义和形象作证明的。

麻醉药品、精神药品、毒性药品、放射性药品等特殊药品，不得做广告。

（2）禁止利用广播、电影、电视、报纸、期刊发布烟草广告，禁止在各类等候室、影剧院、会议厅堂、体育比赛场馆等公共场所设置烟草广告，烟草广告中必须标明“吸烟有害健康”。

（3）食品、酒类、化妆品广告的内容必须符合卫生许可的事项，不得使用医疗用语或者易与药品混淆的用语。

四、违反《广告法》的民事法律责任

违反《广告法》的规定，发布虚假广告，欺骗和误导消费者，使购买商品或者接受服务的消费者的合法权益受到损害的，由广告主依法承担民事责任。可以依据《消费者权益保护法》《产品质量法》的规定，负责修理、更换、退货；给消费者造成损失的，赔偿损失。

广告经营者、广告发布者明知或应知广告虚假仍设计、制作、发布的，应当依法承担连带责任。广告经营者、广告发布者不能提供广告主的真实名称、地址的，应当承担全部民事责任。

第 5 节　产品质量法相关知识

产品质量法是调整在生产、流通和消费过程中因产品质量所发生的经济关系的法律规范的总称。

一、《产品质量法》的适用范围

《产品质量法》第 2 条明确规定了该法的适用范围，即在我国境内从事产品生产、销售活动，必须遵守本法。该法适用于除台湾、香港、澳门地区以外的我国其他所有地区。

《产品质量法》调整的产品范围是经过加工、制作，用于销售的产品。种植业、畜牧业、渔业等所生产初级农产品、狩猎品和原始矿产品等未经过加工、制作的，不属于本法的调整范围。虽经过加工、制作的，但是自产自用而不是用于销售的，也不属于本法的调整范围。此外，建设工程和军工产品也不属于该法调整范围。

二、产品质量的监督与管理

1. 产品质量的监督管理部门

我国产品质量管理体制，依照《产品质量法》的规定，包括下述不同层次和任务的机构：

（1）国务院产品质量监督管理部门，负责全国产品质量监督管理工作。

（2）县级以上地方人民政府管理产品质量监督工作的部门，负责本行政区域内的产品质量监督管理工作。

（3）国务院和县级以上地方人民政府的有关部门在各自的职责范围内负责产品质量监督工作。

2. 产品质量的监督检查

国家对产品质量实行以抽查为主要方式的监督检查制度，抽查的重点是：

（1）可能危及人体健康和人身、财产安全的产品，如家用电器、食品、饮料等。

（2）影响国计民生的重要工业产品，如种子、化肥、水泥等。

（3）用户、消费者或者有关组织反映有质量问题的产品。

对依法进行的产品质量监督检查，生产者、销售者不得拒绝。

三、销售者的产品质量责任和义务

（1）销售者应当建立并执行进货检查验收制度，验明产品合格证明和其他标志。

（2）销售者应当采取措施，保持销售产品的质量。

（3）销售者不得销售国家明令淘汰并停止销售的产品和失效、变质的产品。

（4）销售者销售的产品标志应当符合关于产品或者包装上的标志的规定。《产品质量法》对产品标志作了如下规定：

第一，有产品质量检验合格证明。

第二，有中文标明的产品名称、生产厂厂名和厂址。

第三，根据产品的特点和使用要求，需要标明产品规格、等级、所含主要成分的名称和重量的，用中文予以标明。

第四，限期使用的产品，应当在显著位置清晰地标明生产日期和安全使用期或者失效日期。

第五，使用不当容易造成产品损坏或者可能危及人身、财产安全的产品，应当有警示标志或者中文警示说明。

（5）销售者不得伪造产地，不得伪造或者冒用他人的厂名、厂址。

（6）销售者不得伪造或者冒用认证标志等质量标志。

（7）销售者销售产品，不得掺杂、掺假，不得以假充真、以次充好，不得以不合格产品冒充合格产品。

四、损害赔偿

1. 生产者的损害赔偿责任

《产品质量法》规定，因产品存在缺陷造成人身、缺陷产品以外的其他财产损害的，生产者应当承担赔偿责任。缺陷是指产品存在危及人身、他人财产安全的不合理的危险；产品有保障人体健康和人身、财产安全的国家标准、行业标准的，是指不符合该标准。

生产者能够证明有下列情形之一的，不承担赔偿责任：

（1）未将产品投入流通的。

（2）产品投入流通时，引起损害的缺陷尚不存在的。

（3）将产品投入流通时的科学技术水平尚不能发现缺陷存在的。

2. 销售者的损害赔偿责任

（1）销售者售出的产品不具备产品应当具备的使用性能而事先未作说明的，或不符合在产品或包装上注明采用的产品标准的及不符合以产品说明、实物样品等方式表明的质量状况的，应负责修理、更换、退货，给购买者造成损失的，应负责赔偿损失。

（2）由于销售者的过错使产品存在缺陷，造成人身、他人财产损害的，销售者应承担赔偿责任。销售者不能指明缺陷产品的生产者也不能指明缺陷产品的供货者的，也要承担赔偿责任。

3. 损害赔偿责任的承担与追偿

因为产品缺陷造成人身、他人财产损害的，受害人可以向生产者要求赔偿，也可以向销售者要求赔偿。如果是生产者的责任，销售者赔偿了的，销售者有权向生产者进行追偿。如果是销售者的责任，生产者进行赔偿后，有权向销售者进行追偿。生产者和销售者任何一方都不得拒绝受害人的赔偿请求。

4. 损害赔偿的范围

根据《产品质量法》的规定，因产品存在缺陷造成受害人人身伤害的，应当赔偿医疗费、治疗期间的护理费、因误工减少的收入等费用；造成残疾的，还应当支付残疾者生活自助具费、生活补助费、残疾者赔偿金以及由其抚养的人所必需的生活费等费用；造成受害人死亡的，应当支付丧葬费、死亡赔偿金以及由死者生前抚养的人所必需的生活费等费用。

因产品缺陷造成受害人财产损失的，侵害人应当恢复原状或者折价赔偿。

5. 产品质量纠纷的处理

因产品存在缺陷造成损害要求赔偿的诉讼时效期间为 2 年，自当事人知道或者应当知道其权益受到损害时起计算。

因产品存在缺陷造成损害要求赔偿的请求权，在造成损害的缺陷产品交付最初消费者满 10 年丧失；但是，尚未超过明示的安全使用期的除外。

因产品质量发生纠纷时，当事人可以通过协商或者调解解决。当事人不愿通过协商、调解解决或者协商、调解不成的，可以根据当事人之间达成的协议向仲裁机构申请仲裁；当事人之间没有达成仲裁协议或者仲裁协议无效的，可以直接向人民法院起诉。

五、违反《产品质量法》的行政责任和刑事责任

（1）生产、销售不符合保障人体健康和人身、财产安全的国家标准、行业标准的产品的，责令停止生产、销售，没收违法生产、销售的产品，并处违法生产、销售产品（包括已售出和未售出的产品）货值金额等值以上 3 倍以下的罚款；有违法所得的，并处没收违法所得；情节严重的，吊销营业执照；构成犯罪的，依法追究刑事责任。

（2）在产品中掺杂、掺假，以假充真，以次充好，或者以不合格产品冒充合格产品的，责令停止生产、销售，没收违法生产、销售的产品，并处违法生产、销售产品货值金额 50%以上 3 倍以下的罚款；有违法所得的，并处没收违法所得；情节严重的，吊销营业执照；构成犯罪的，依法追究刑事责任。

（3）生产、销售国家明令淘汰的或者停止销售的产品的，责令停止生产、销售，伪造产品产地的，伪造或者冒用他人厂名、厂址的，伪造或者冒用认证标志等质量标志的，责令改正，没收违法生产、销售的产品，并处违法生产、销售产品货值金额等值以下的罚款；有违法所得的，并处没收违法所得；情节严重的，吊销营业执照。

（4）销售失效、变质的产品的，责令停止销售，没收违法销售的产品，并处违法销售产品货值金额 2 倍以下的罚款；有违法所得的，没收违法所得；情节严重的，吊销营业执照；构成犯罪的，依法追究刑事责任。

（5）社会团体、社会中介机构对产品质量作出承诺、保证，而该产品又不符合其承诺、保证的质量要求，给消费者造成损失的，与产品的生产者、销售者承担连带责任。

第 6 节　价格法相关知识

价格法是国家用来调整经济活动中产生的价格关系的法律规范的总称。

一、《价格法》的适用范围

《价格法》第 2 条规定，在中华人民共和国境内发生的价格行为，适用本法。《价格法》所指的价格包括商品价格和服务价格。

二、价格的基本形式

《价格法》按照定价主体和价格形成的途径不同，将定价形式分为三种。

1. 市场调节价

市场调节价是经营者自主制定，通过市场竞争形成的价格。这是我国现行主要的价格形式，凡适于在市场竞争中形成价格的绝大多数商品和服务项目，都实行市场调节价。经营者定价的基本依据是生产经营成本和市场供求状况。

2. 政府指导价

政府指导价是由政府价格主管部门或者其他有关部门，按照定价权限和范围规定基准价及浮动幅度，指导经营者制定的价格。

3. **政府定价**

政府定价是依照《价格法》的规定，由政府价格主管部门或其他有关部门，依照定价的权限和范围制定的价格。政府定价具有强制性。这种价格形式只有极少数商品和服务，其范围由《价格法》规定。

《价格法》规定，政府在必要时可以对五类商品和服务实行政府指导价和政府定价：与国民经济发展和人民生活关系重大的极少数商品价格，资源稀缺的少数商品价格，自然垄断经营的商品价格，重要的公用事业价格，重要的公益性服务价格。

三、经营者的价格权利和义务

1. **经营者进行价格活动时享有的权利**

（1）经营者有权自主制定属于市场调节的价格。

（2）经营者有权在政府指导价规定的幅度内制定价格。

（3）经营者有权制定属于政府指导价、政府定价产品范围内的新产品的试销价格，特定产品除外。

（4）经营者有权检举、控告侵犯其依法自主定价权利的行为。

2. **经营者进行价格活动时应履行的义务**

（1）经营者应当努力改进生产经营管理，降低生产经营成本，为消费者提供价格合理的商品和服务，在市场竞争中获取合法利润。

（2）经营者应当根据自己的经营条件建立、健全内部价格管理制度，准确记录与核定商品和服务的生产经营成本，不得弄虚作假。

（3）经营者进行价格活动，应当遵守法律、法规，执行依法制定的政府指导价、政府定价和法定的价格干预措施、紧急措施。

（4）经营者销售、收购商品和提供服务，应当按照政府价格主管部门的规定明码标价，注明商品的品名、产地、规格、等级、计价单位、价格或服务的项目、收费标准等有关情况。

（5）经营者不得在标价之外加价出售商品，不得收取任何未予标明的费用。

3. **经营者不得从事的不正当价格行为**

为防止不正当竞争的价格行为，《价格法》明确规定的经营者不得从事的不正当价格行为如下：

（1）相互串通，操纵市场价格的行为

是指经营者相互串通，操纵市场价格，损害其他经营者或者消费者的合法权益。这一行为实际上是经营者垄断市场价格的行为。价格垄断行为分为两种类型，一是滥用市场优势控制市场价格的行为；二是联合控制价格行为，包括联合固定价格行为、限制转售价格行为等。

（2）倾销行为

是指经营者在依法降价处理鲜活商品、季节性商品、积压商品等商品外，为了排挤竞争对手或者独占市场，以低于成本的价格倾销，扰乱正常的生产经营秩序，损害国家利益或者其他经营者的权益。应当注意，并不是所有低于成本价格销售就是倾销行为，判断是否构成倾销行为，一看手段，即看其定价是否低于成本，舍本销售；二看目的，即看其是否是为了排挤竞争对手或者独占市场；三看结果，即是否扰乱了正常的生产经营秩序，损害国家利益或者其他经营者的合法权益。

（3）哄抬价格行为

是指经营者捏造、散布涨价信息，哄抬价格，推动商品价格上涨过高。哄抬价格行为是一种故意扰乱市场秩序的行为，尤其是在商品供不应求时，捏造、散布涨价信息，可能会引起商品价格上涨过高，造成市场秩序混乱，引起消费者恐慌，形成经济和社会的不稳定。

（4）虚假的或者使人误解的价格行为

是指经营者利用虚假的或者使人误解的价格手段，诱骗消费者或者其他经营者与其进行交易。欺骗性价格表示也被称做价格欺诈行为。主要表现形式有：一是虚假降价。如虚假宣传伪装削价、虚拟原价谎称降价实则提价等。二是模糊标价。如用两种意思标价，类似“原价 100 元，大降价 30 元”这样的话，就有两种意思，一是降价后卖 30 元，二是降价 30 元卖 70 元。三是两套价格。经营者对同种商品或服务故意使用两种标价签或价目表，以低价招徕顾客、高价结算。

（5）价格歧视行为

是指经营者提供相同商品或者服务，对具有同等条件的其他经营者实行价格歧视。通常表现为商品或服务的提供者提供相同等级、相同质量的商品或服务时，使同等交易条件的接受者在价格上处于不平等地位，妨碍了经营者之间的正当竞争。

（6）变相提高或降低价格的行为

是指经营者采取抬高等级或者压低等级等手段收购、销售商品或者提供服务，变相提高或者压低价格。变相提价的主要手法有偷工减料、以次充好、降低质量、掺杂使假、缺斤短两等，变相降价的主要手法有收购商品时压级压秤等。

（7）牟取暴利行为

是指经营者违反法律、法规的规定牟取暴利。价格法中所称的暴利是指通过不正当的价格手段在短时间内获得的巨额利润。暴利行为既严重背离价值，也不反映供求关系，破坏了市场经济等价交换、公平竞争的基本法则，严重损害消费者的合法权益。

(8) 法律、行政法规禁止的其他不正当价格行为

这是指上述七种行为以外、《价格法》尚未列举，而实际经济生活中将要产生的其他不正当价格行为。

四、我国价格管理体制及有关规定

(1) 国务院价格主管部门统一负责全国的价格工作。价格主管部门具体说是国家发展改革委员会。国务院其他有关部门在各自的职责范围内，负责有关的价格工作。

(2) 县级以上地方各级人民政府价格主管部门负责本行政区域内的价格工作，县级以上地方各级人民政府其他有关部门在各自的职责范围内，负责有关的价格工作。

(3)《价格法》规定，价格监督检查的执法主体是县级以上的各级人民政府的价格主管部门。即其有权对经营者的价格活动进行监督检查，并依照《价格法》的规定对价格违法行为实施行政处罚。

五、经营者违反《价格法》的法律责任

根据《价格法》和《价格违法行为行政处罚规定》，违反价格法的法律责任主要是施行行政处罚。

(1) 经营者相互串通，操纵市场价格，造成商品价格较大幅度上涨的，责令改正，没收违法所得，并处违法所得 5 倍以下的罚款；没有违法所得的，处 10 万元以上 100 万元以下的罚款，情节较重的处 100 万元以上 500 万元以下的罚款；情节严重的，责令停业整顿，或者由工商行政管理机关吊销营业执照。

(2) 经营者违反价格法第 14 条的规定，有下列推动商品价格过快、过高上涨行为之一的，责令改正，没收违法所得，并处违法所得 5 倍以下的罚款；没有违法所得的，处 5 万元以上 50 万元以下的罚款，情节较重的处 50 万元以上 300 万元以下的罚款；情节严重的，责令停业整顿，或者由工商行政管理机关吊销营业执照。

(3) 经营者违反价格法第十四条的规定，有下列推动商品价格过快、过高上涨行为之一的，责令改正，没收违法所得，并处违法所得 5 倍以下的罚款；没有违法所得的，处 5 万元以上 50 万元以下的罚款，情节较重的处 50 万元以上 300 万元以

下的罚款；情节严重的，责令停业整顿，或者由工商行政管理机关吊销营业执照。

(4) 经营者违反价格法第 14 条的规定，利用虚假的或者使人误解的价格手段，诱骗消费者或者其他经营者与其进行交易的，责令改正，没收违法所得，并处违法所得 5 倍以下的罚款；没有违法所得的，处 5 万元以上 50 万元以下的罚款；情节严重的，责令停业整顿，或者由工商行政管理机关吊销营业执照。

(5) 经营者违反价格法第 14 条的规定，采取抬高等级或者压低等级等手段销售、收购商品或者提供服务，变相提高或者压低价格的，责令改正，没收违法所得，并处违法所得 5 倍以下的罚款；没有违法所得的，处 2 万元以上 20 万元以下的罚款；情节严重的，责令停业整顿，或者由工商行政管理机关吊销营业执照。

(6) 经营者不执行政府指导价、政府定价，有下列行为之一的，责令改正，没收违法所得，并处违法所得 5 倍以下的罚款；没有违法所得的，处 5 万元以上 50 万元以下的罚款，情节较重的处 50 万元以上 200 万元以下的罚款；情节严重的，责令停业整顿。

1) 超出政府指导价浮动幅度制定价格的；

2) 高于或者低于政府定价制定价格的；

3) 擅自制定属于政府指导价、政府定价范围内的商品或者服务价格的；

4) 提前或者推迟执行政府指导价、政府定价的；

5) 自立收费项目或者自定标准收费的；

6) 采取分解收费项目、重复收费、扩大收费范围等方式变相提高收费标准的；

7) 对政府明令取消的收费项目继续收费的；

8) 违反规定以保证金、抵押金等形式变相收费的；

9) 强制或者变相强制服务并收费的；

10) 不按照规定提供服务而收取费用的；

11) 不执行政府指导价、政府定价的其他行为。

(7) 经营者不执行法定的价格干预措施、紧急措施，有下列行为之一的，责令改正，没收违法所得，并处违法所得 5 倍以下的罚款；没有违法所得的，处 10 万元以上 100 万元以下的罚款，情节较重的处 100 万元以上 500 万元以下的罚款；情节严重的，责令停业整顿。

1) 不执行提价申报或者调价备案制度的；

2) 超过规定的差价率、利润率幅度的；

3) 不执行规定的限价、最低保护价的；

4）不执行集中定价权限措施的；

5）不执行冻结价格措施的；

6）不执行法定的价格干预措施、紧急措施的其他行为。

第 7 节　食品安全法相关知识

食品安全法是调整国家对食品安全进行监督管理及食品的生产经营过程中形成的社会关系的法律规范的总称。食品安全法的作用是保证食品卫生，防止食品污染和有害因素对人体的危害，保障人民的身体健康和生命安全。

一、《食品安全法》的适用范围

凡是在中国境内从事食品生产经营活动，就必须遵守《食品安全法》。它适用于一切食品，食品添加剂，食品容器，包装材料和食品用工具、设备；也适用于食品的生产经营场所、设施和有关环境。

二、《食品安全法》关于食品生产经营的规定

1. 食品生产经营的要求

食品生产经营应当符合食品安全标准，并符合下列要求：

（1）具有与生产经营的食品品种、数量相适应的食品原料处理和食品加工、包装、储存等场所，保持该场所环境整洁，并与有毒、有害场所以及其他污染源保持规定的距离。

（2）具有与生产经营的食品品种、数量相适应的生产经营设备或者设施，有相应的消毒、更衣、盥洗、采光、照明、通风、防腐、防尘、防蝇、防鼠、防虫、洗涤以及处理废水、存放垃圾和废弃物的设备或者设施。

（3）有食品安全专业技术人员、管理人员和保证食品安全的规章制度。

（4）具有合理的设备布局和工艺流程，防止待加工食品与直接入口食品、原料与成品交叉污染，避免食品接触有毒物、不洁物。

（5）餐具、饮具和盛放直接入口食品的容器，使用前应当洗净、消毒，炊具、用具用后应当洗净，保持清洁。

（6）储存、运输和装卸食品的容器、工具和设备应当安全、无害，保持清洁，

防止食品污染，并符合保证食品安全所需的温度等特殊要求，不得将食品与有毒、有害物品一同运输。

(7) 直接入口的食品应当有小包装或者使用无毒、清洁的包装材料、餐具。

(8) 食品生产经营人员应当保持个人卫生，生产经营食品时，应当将手洗净，穿戴清洁的工作衣、帽；销售无包装的直接入口食品时，应当使用无毒、清洁的售货工具。

(9) 用水应当符合国家规定的生活饮用水卫生标准。

(10) 使用的洗涤剂、消毒剂应当对人体安全、无害。

2. 禁止生产经营的食品

(1) 用非食品原料生产的食品或者添加食品添加剂以外的化学物质和其他可能危害人体健康物质的食品，或者用回收食品作为原料生产的食品。

(2) 致病性微生物、农药残留、兽药残留、重金属、污染物质以及其他危害人体健康的物质含量超过食品安全标准限量的食品。

(3) 营养成分不符合食品安全标准的专供婴幼儿和其他特定人群的主辅食品。

(4) 腐败变质、油脂酸败、霉变生虫、污秽不洁、混有异物、掺假掺杂或者感官性状异常的食品。

(5) 病死、毒死或者死因不明的禽、畜、兽、水产动物肉类及其制品。

(6) 未经动物卫生监督机构检疫或者检疫不合格的肉类，或者未经检验或者检验不合格的肉类制品。

(7) 被包装材料、容器、运输工具等污染的食品。

(8) 超过保质期的食品。

(9) 无标签的预包装食品。

(10) 国家为防病等特殊需要明令禁止生产经营的食品。

(11) 其他不符合食品安全标准或者要求的食品。

三、食品安全卫生管理的有关规定

(1) 各级人民政府的食品卫生管理部门负责本辖区食品卫生管理。

(2) 食品生产经营人员每年必须进行健康检查。

(3) 国家对食品生产经营实行许可制度。从事食品生产、食品流通、餐饮服务，应当依法取得食品生产许可、食品流通许可、餐饮服务许可。

(4) 国家建立食品召回制度。食品生产者发现其生产的食品不符合食品安全标准，应当立即停止生产，召回已经上市销售的食品，通知相关生产经营者和消费者，并记录召回和通知情况。

第 8 节　票据法相关知识

票据法是规定票据制度、调整因票据活动而产生的各种社会关系的法律规范的总称。

一、票据概述

1. 票据的概念

票据是出票人依法签发的，约定由自己或指定他人，在一定时间、一定地点，按票面所载文义无条件支付一定金额的有价证券。我国《票据法》所称票据是指汇票、本票和支票。

2. 票据的法律特征

票据的法律特征是有价证券、设权证券、无因证券、要式证券、文义证券、债权证券、流通证券。

3. 票据的作用

票据的作用主要包括支付作用、结算作用、信用作用、融资作用、流通作用。

二、汇票

1. 汇票的概念

汇票是出票人签发的、委托付款人在见票时或者在指定日期无条件支付确定的金额给收款人或者持票人的票据。汇票的当事人一般有出票人、付款人和收款人。

2. 汇票的种类

（1）按照信用性质的不同，汇票可分为银行汇票和商业汇票。

（2）按照付款期限的不同，可分为即期汇票和远期汇票。

（3）按照商业汇票承兑的不同，可分为商业承兑汇票和银行承兑汇票。

3. 关于汇票的规定

（1）汇票的内容。根据《票据法》的规定，汇票必须记载以下事项：表明“汇票”的字样、无条件支付的委托、确定的金额、付款人名称、收款人名称、出票日期、出票人签章。汇票上未记载规定事项之一的，汇票无效。

（2）汇票上记载付款日期、付款地、出票地等事项的，应当清楚、明确。付款日期的记载方式有四种：见票即付、定日付款、出票后定期付款、见票后定期付款；没有记载付款日期的，为见票即付。

（3）汇票上可以记载《票据法》规定事项以外的其他出票事项，但是该项记载不具有汇票上的效力。

三、本票

1. 本票的概念

本票是出票人签发的、承诺自己在见票时无条件支付确定的金额给收款人或者持票人的票据。《票据法》所指本票是银行本票，不包括商业本票。

2. 本票的格式

本票必须记载下列事项：表明“本票”字样、无条件支付的承诺、确定的金额、收款人名称、出票日期、出票人签章。如果本票上未记载上述事项之一的，本票无效。

3. 关于本票的规定

（1）本票的出票人必须具有支付本票金额的可靠资金来源，并保证支付。本票出票人的资格由中国人民银行审定。根据《票据法》的规定，我国本票的出票人仅限于银行，其他法人、自然人均不得签发本票。

（2）本票的出票人在持票人提示见票时，必须承担付款的责任。“见票”是指请求付款。按照《票据法》的规定，银行本票是见票即付的票据，收款人或持票人可以随时向出票人请求付款，出票人在见票时就要承担付款的责任。

（3）本票自出票日起，付款期限最长不得超过 2 个月。这条是对持票人责任的规定，即持票人必须在出票日起 2 个月内进行付款提示，超过规定的时间，将丧失对出票人以外的前手的追索权。但是本票的出票人仍然不能免除付款的责任，因为其要承担的是绝对的付款责任。

四、支票

1. 支票的概念

支票是出票人签发的、委托办理支票存款业务的银行或其他金融机构在见票时无条件支付确定的金额给收款人或者持票人的票据。

2. 支票的种类

支票分为现金支票和转账支票。

现金支票指持票人可凭以向作为付款人的银行或其他金融机构支取现金的支票。现金支票只能用于支取现金，不能用于转账，票面上要预先印制“现金”字样。

转账支票指持票人不能凭以支取现金，而只能通过银行转账的方法将支票上的款项记入持票人账户的支票。转账支票只能用于转账，不得支取现金。票面上印制有“转账”字样。

3. 支票的格式

支票必须记载下列事项：表明“支票”的字样；无条件支付的委托；确定的金额（但是，支票可以是记载金额“空白”的“空白支票”，支票上的金额可以由出票人授权补记，就是作为绝对记载事项的支票的金额，在出票人出票时可以先不由出票人记载，交付于收款人，由出票人授权给付款人，在收款人确定金额后使用前加以补记，使支票生效。在未经补记前，收款人不得使用“空白支票”）；付款人名称；出票日期；出票人签章。

支票上未记载上述事项之一的，支票无效。

4. 支票的出票原则

（1）支票的出票人所签发的支票金额不得超过其付款时在付款人处实有的存款金额。出票人签发的支票金额超过其付款时在付款人处实有的存款金额的，为空头支票。《票据法》规定，禁止签发空头支票。

（2）支票的出票人不得签发与其预留本名的签名式样或者印鉴不符的支票。

（3）支票限于见票即付，不得另行记载付款日期。另行记载付款日期的，该记载无效。持票人应当自出票日起 10 日内提示付款，就是现实地向付款人出示支票请求其付款，如果没有交付票据而是以其他书面或口头形式向被提示人提示付款，则不产生《票据法》上的效力。如超过提示付款期限的，付款人可以不予付款。

五、票据的法律责任

1. 票据欺诈行为的法律责任

有下列票据欺诈行为之一，构成犯罪的，依法追究刑事责任；情节轻微，不构成犯罪的，依照国家有关规定给予行政处罚：

（1）伪造、变造票据的。

（2）故意使用伪造、变造的票据的。

（3）签发空头支票或者故意签发与其预留的本名签名式样或者印鉴不符的支票，骗取财物的。

（4）签发无可靠资金来源的汇票、本票，骗取资金的。

（5）汇票、本票的出票人在出票时作虚假记载，骗取财物的。

（6）冒用他人的票据，或者故意使用过期或者作废的票据，骗取财物的。

（7）付款人同出票人、持票人恶意串通，实施前六项所列行为之一的。

2. 金融机构工作人员违法行为的法律责任

金融机构工作人员在票据业务中玩忽职守，对违反《票据法》规定的票据予以承兑、付款或者保证的，给予处分；造成重大损失，构成犯罪的，依法追究刑事责任。

由于金融机构工作人员因上述行为给当事人造成损失的，由该金融机构和直接责任人员依法承担赔偿责任。

3. 票据付款人违法行为的法律责任

票据的付款人对见票即付或者到期的票据，故意压票，拖延支付的，由金融行政管理部门处以罚款，对直接责任人员给予处分。票据的付款人故意压票，拖延支付，给持票人造成损失的，依法承担赔偿责任。

第 9 节　劳动合同法相关知识

劳动合同法是调整劳动合同双方当事人权利和义务关系的法律规范。

一、《劳动合同法》的适用范围

（1）企业、个体经济组织、民办非企业单位等组织。

（2）国家机关、事业单位、社会团体和与其建立劳动关系的劳动者。

二、劳动合同的订立

1. 劳动合同的概念

劳动合同是市场经济体制下用人单位与劳动者进行双向选择、确定劳动关系、明确双方权利和义务的协议。凡是劳动者与用人单位建立劳动关系，都必须订立劳动合同。

订立劳动合同应当遵循平等自愿、协商一致、公平、诚实信用的原则。

建立劳动关系，应当订立书面劳动合同。已建立劳动关系，未同时订立书面劳动合同的，应当自用工之日起 1 个月内订立书面劳动合同。劳动关系自用工之日起建立。

2. 劳动合同的期限

劳动合同的期限包括固定期限和无固定期限。

固定期限劳动合同：用人单位与劳动者协商一致，可以订立固定期限劳动合同。具体期限由当事人双方根据工作需要和实际情况确定。

无固定期限劳动合同：用人单位与劳动者协商一致，可以订立无固定期限劳动合同。有下列情形之一，劳动者提出或者同意续订、订立劳动合同的，除劳动者提出订立固定期限劳动合同外，应当订立无固定期限劳动合同：

(1) 劳动者在该用人单位连续工作满 10 年的。

(2) 用人单位初次实行劳动合同制度或者国有企业改制重新订立劳动合同时，劳动者在该用人单位连续工作满 10 年且距法定退休年龄不足十年的。

(3) 连续订立二次固定期限劳动合同，且没有劳动合同法规定可以解除劳动合同关系的情形，续订劳动合同的。

用人单位自用工之日起满 1 年不与劳动者订立书面劳动合同的，视为用人单位与劳动者已订立无固定期限劳动合同。

3. 劳动合同的内容

劳动合同的内容也称为劳动合同的基本条款，包括必备条款和约定条款两部分。

劳动合同的必备条款是：劳动合同的期限，工作内容和工作地点，工作时间和休息休假，劳动报酬，社会保险，劳动保护、劳动条件和职业危害防护；法律、法规规定应当纳入劳动合同的其他事项。

劳动合同的约定条款是：试用期，保守秘密，培训，补充保险和福利待遇及当事人认为可以协商约定的其他事项。

4. 试用期的规定

劳动合同期限 3 个月以上不满 1 年的，试用期不得超过 1 个月；劳动合同期限 1 年以上不满 3 年的，试用期不得超过 2 个月；3 年以上固定期限和无固定期限的劳动合同，试用期不得超过 6 个月。试用期包含在劳动合同期限内。

同一用人单位与同一劳动者只能约定一次试用期。

5. 无效劳动合同

劳动合同一经依法订立，就具有法律效力，当事人就应履行。有下列情况之一的，劳动合同无效：以欺诈、胁迫的手段或者乘人之危，使对方在违背真实意思的情况下订立或者变更劳动合同的；用人单位免除自己的法定责任、排除劳动者权利的；违反法律、行政法规强制性规定的。

劳动合同的无效由劳动争议仲裁委员会或者人民法院确认。

三、劳动合同的解除

劳动合同的解除是指劳动合同签订后，未履行完毕之前，因某种原因提前终止。解除劳动合同分为两种情况：一是协商解除劳动合同，是经劳动合同的当事人即用人单位和劳动者双方协商一致，就可以解除劳动合同；二是符合法定条件解除合同，又包括用人单位解除合同和劳动者解除合同两种情况。

1. 用人单位解除合同

（1）劳动者有下列情形之一的，用人单位可以解除劳动合同：

在试用期间被证明不符合录用条件的。

严重违反用人单位的规章制度的。

严重失职，营私舞弊，给用人单位造成重大损害的。

劳动者同时与其他用人单位建立劳动关系，对完成本单位的工作任务造成严重影响，或者经用人单位提出，拒不改正的。

因本法第 26 条第 1 款第 1 项规定的情形致使劳动合同无效的。

被依法追究刑事责任的。

（2）有下列情形之一的，用人单位提前 30 日以书面形式通知劳动者本人或者额外支付劳动者 1 个月工资后，可以解除劳动合同：

劳动者患病或者非因工负伤，在规定的医疗期满后不能从事原工作，也不能从事由用人单位另行安排的工作的。

劳动者不能胜任工作，经过培训或者调整工作岗位，仍不能胜任工作的。

劳动合同订立时所依据的客观情况发生重大变化，致使劳动合同无法履行，经用人单位与劳动者协商，未能就变更劳动合同内容达成协议的。

（3）劳动者有下列情形之一的，用人单位不得解除劳动合同：

从事接触职业病危害作业的劳动者未进行离岗前职业健康检查，或者疑似职业病病人在诊断或者医学观察期间的。

在本单位患职业病或者因工负伤并被确认丧失或者部分丧失劳动能力的。

患病或者非因工负伤，在规定的医疗期内的。

女职工在孕期、产期、哺乳期的。

在本单位连续工作满 15 年，且距法定退休年龄不足 5 年的。

法律、行政法规规定的其他情形。

2. 劳动者解除合同

（1）劳动者提前 30 日以书面形式通知用人单位，可以解除劳动合同。劳动者在试用期内提前 3 日通知用人单位，可以解除劳动合同。

（2）用人单位有下列情形之一的，劳动者可以解除劳动合同：

未按照劳动合同约定提供劳动保护或者劳动条件的。

未及时足额支付劳动报酬的。

未依法为劳动者缴纳社会保险费的。

用人单位的规章制度违反法律、法规的规定，损害劳动者权益的。

因本法第 26 条第 1 款规定的情形致使劳动合同无效的。

法律、行政法规规定劳动者可以解除劳动合同的其他情形。

（3）用人单位以暴力、威胁或者非法限制人身自由的手段强迫劳动者劳动的，或者用人单位违章指挥、强令冒险作业危及劳动者人身安全的，劳动者可以立即解除劳动合同，不需事先告知用人单位。

第 10 节　商标法相关知识

商标法是指调整商标在注册、使用、管理和保护过程中所发生的社会关系制定的法律规范的总称。商标法的核心是保护商标专用权。

一、商标及商标权

1. 商标的概念及种类

商标是商品的生产者、经营者在其生产、制造、加工、拣选或者经销的商品上或者服务的提供者在其提供的服务上采用的，区别商品或者服务来源的，由文字、图形、字母、数字、三维标志和颜色组合的，具有显著特征的标志。商标包括商品商标、服务商标、集体商标和证明商标。

2. 商标权的概念

商标权是指商标注册人或权利继承人在法定期限内，对注册商标依法享有的各种权利的总称，包括独占权、许可使用权、转让权、续展权等。

二、商标注册

1. 商标注册申请应具备的条件

（1）商标必须具备法定的构成要素。《商标法》规定，商标必须由文字、图形、字母、数字、三维标志和颜色组合而成。

（2）商标必须具有显著特征，便于区别。它强调商标的独特性和可识别性。

（3）下列标志不得作为商标使用：同中华人民共和国的国家名称、国旗、国徽、军旗、勋章相同或者近似的，以及同中央国家机关所在地特定地点的名称或者标志性建筑物的名称、图形相同的；同外国的国家名称、国旗、国徽、军旗相同或者近似的，但该国政府同意的除外；同政府间国际组织的名称、旗帜、徽记相同或者近似的，但经该组织同意或者不易误导公众的除外；与表明实施控制、予以保证的官方标志、检验印记相同或者近似的，但经授权的除外；同“红十字”“红新月”的名称、标志相同或者近似的；带有民族歧视性的；夸大宣传并带有欺骗性的；有害于社会主义道德风尚或者有其他不良影响的。县级以上行政区划的地名或者公众知晓的外国地名，不得作为商标。但是，地名具有其他含义或者作为集体商标、证明商标组成部分的除外；已经注册的使用地名的商标继续有效。

（4）下列标志不得作为商标注册：仅有本商品的通用名称、图形、型号的，仅仅直接表示商品的质量、主要原料、功能、用途、重量、数量及其他特点的，缺乏显著特征的。

2. 注册商标的期限和续展

注册商标的有效期为 10 年，自核准注册之日起计算。

注册商标有效期满，需要继续使用的，应当在期满前 6 个月内申请续展注册；在此期间未能提出申请的，可以给予 6 个月的宽展期。宽展期满仍未提出申请的，注销其注册商标。每次续展注册的有效期为 10 年。

三、注册商标专用权的保护

1. 注册商标专用权的保护范围

注册商标的专用权，以核准注册的商标和核定使用的商品为限。

2. 商标侵权行为的表现

有下列行为之一的，均属侵犯注册商标专用权：

（1）未经商标注册人的许可，在同一种商品或者类似商品上使用与其注册商标相同或者近似的商标的。

（2）销售侵犯注册商标专用权的商品的。

（3）伪造、擅自制造他人注册商标标志或者销售伪造、擅自制造的注册商标标志的。

（4）未经商标注册人同意，更换其注册商标并将该更换商标的商品又投入市场的。

（5）给他人的注册商标专用权造成其他损害的。

第11节　物权法相关知识

物权法是调整平等主体之间的财产关系的法律规范。

一、《物权法》的调整范围

1. 调整的物的范围

《物权法》规范的物，包括不动产和动产。不动产是指土地以及房屋、林木等土地定着物；动产是指不动产以外的物，比如汽车、电视机。

2. 调整的物权的范围

《物权法》所调整的物权包括所有权、用益物权、担保物权。物权是权利人依法对特定物享有直接支配并排除他人干涉的权利。

二、《物权法》的基本原则

1. 平等保护原则

是指国家、集体、私人的物权和其他权利人的物权平等地受法律保护，任何单位和个人不得侵犯。

2. 物权法定原则

是指物权的种类和内容只能由法律规定，而不得由民事权利主体随意创设。

3. 物权的行使不得妨害公共利益和他人利益的原则

物权人行使权利必须尊重他人利益和公共利益，不得滥用其权利。

4. 物权公示原则

物权公示原则是物权变动的基本规则。是指物权各种变动必须以公开的、足以使他人了解的方式进行，物权将不发生变动。

物权的公示方式，不动产物权的公示方式为不动产登记；动产的物权公示方式为动产的交付（移转占有）。根据物权公示原则，不动产未经登记，动产未经交付，不发生物权变动的效力。

5. 物权公信原则

是指记载于不动产登记簿的人是该不动产的权利人，动产的占有人推定为该动产的权利人。

三、物权的保护

《物权法》对物权保护的规定如下：

（1）物权受到侵害的，权利人可以通过和解、调解、仲裁、诉讼等途径解决。

（2）因物权的归属、内容发生争议的，利害关系人可以请求确认权利。

（3）无权占有不动产或者动产的，权利人可以请求返还原物。

（4）妨害物权或者可能妨害物权的，权利人可以请求排除妨害或者消除危险。

（5）造成不动产或者动产毁损的，权利人可以请求修理、重作、更换或者恢复原状。

（6）侵害物权，造成权利人损害的，权利人可以请求损害赔偿，也可以请求承担其他民事责任。

以上的物权保护方式，可以单独适用，也可以根据权利被侵害的情形合并适用。侵害物权，除承担民事责任外，违反行政管理规定的，依法承担行政责任；构成犯罪的，依法追究刑事责任。